プリント形式のリアル過去問で本番の臨場感！

熊本県

熊本学園大学付属中学校

2025年春受験用

解答集

本書は，実物をなるべくそのままに，プリント形式で年度ごとに収録しています。
問題用紙を教科別に分けて使うことができるので，本番さながらの演習ができます。

■　収録内容

・解答集（この冊子です）

書籍ＩＤ番号，この問題集の使い方，最新年度実物データ，リアル過去問の活用，
解答例と解説，ご使用にあたってのお願い・ご注意，お問い合わせ

・2024（令和６）年度　～　2022（令和４）年度　学力検査問題

JN131771

○は収録あり　年度	'24	'23	'22			
■ 問題(奨学生・専願生)	○	○	○			
■ 解答用紙	○	○	○			
■ 配点						

算数に解説
があります

☆問題文等の非掲載はありません

教英出版

■ 書籍ＩＤ番号

入試に役立つダウンロード付録や学校情報などを随時更新して掲載しています。
教英出版ウェブサイトの「ご購入者様のページ」画面で，書籍ＩＤ番号を入力してご利用ください。

書籍ＩＤ番号 107144

（有効期限：2025年9月30日まで）

【入試に役立つダウンロード付録】
「要点のまとめ(国語／算数)」
「課題作文演習」ほか

■ この問題集の使い方

年度ごとにプリント形式で収録しています。針を外して教科ごとに分けて使用します。①片側，②中央のどちらかでとじてありますので，下図を参考に，問題用紙と解答用紙に分けて準備をしましょう（解答用紙がない場合もあります）。

針を外すときは，けがをしないように十分注意してください。また，針を外すと紛失しやすくなりますので気をつけましょう。

① 片側でとじてあるもの　　② 中央でとじてあるもの

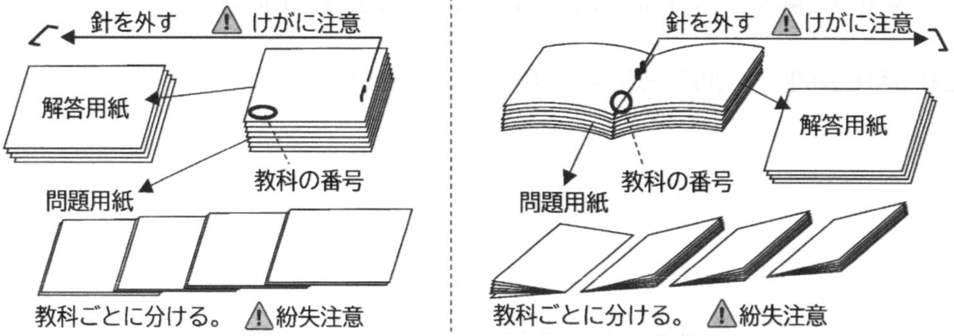

※教科数が上図と異なる場合があります。
解答用紙がない場合や，問題と一体になっている場合があります。
教科の番号は，教科ごとに分けるときの参考にしてください。

■ 最新年度 実物データ

実物をなるべくそのままに編集していますが，収録の都合上，実際の試験問題とは異なる場合があります。実物のサイズ，様式は右表で確認してください。

問題用紙	Ｂ５冊子(二つ折り)
解答用紙	Ｂ４片面プリント

リアル過去問の活用

～リアル過去問なら入試本番で力を発揮することができる～

本番を体験しよう！

問題用紙の形式（縦向き／横向き），問題の配置や余白など，実物に近い紙面構成なので本番の臨場感が味わえます。まずはパラパラとめくって眺めてみてください。「これが志望校の入試問題なんだ！」と思えば入試に向けて気持ちが高まることでしょう。

入試を知ろう！

同じ教科の過去数年分の問題紙面を並べて，見比べてみましょう。

① 問題の量

毎年同じ大問数か，年によって違うのか，また全体の問題量はどのくらいか知っておきましょう。どのくらいのスピードで解けば時間内に終わるのか，大問ひとつにかけられる時間を計算してみましょう。

② 出題分野

よく出題されている分野とそうでない分野を見つけましょう。同じような問題が過去にも出題されていることに気がつくはずです。

③ 出題順序

得意な分野が毎年同じ大問番号で出題されていると分かれば，本番で取りこぼさないように先回りして解答することができるでしょう。

④ 解答方法

記述式か選択式か（マークシートか），見ておきましょう。記述式なら，単位まで書く必要があるかどうか，文字数はどのくらいかなど，細かいところまでチェックしておきましょう。計算過程を書く必要があるかどうかも重要です。

⑤ 問題の難易度

必ず正解したい基本問題，条件や指示の読み間違いといったケアレスミスに気をつけたい問題，後回しにしたほうがいい問題などをチェックしておきましょう。

問題を解こう！

志望校の入試傾向をつかんだら，問題を何度も解いていきましょう。ほかにも問題文の独特な言いまわしや，その学校独自の答え方を発見できることもあるでしょう。オリンピックや環境問題など，話題になった出来事を毎年出題する学校だと分かれば，日頃のニュースの見かたも変わってきます。

こうして志望校の入試傾向を知り対策を立てることこそが，過去問を解く最大の理由なのです。

実力を知ろう！

過去問を解くにあたって，得点はそれほど重要ではありません。大切なのは，志望校の過去問演習を通して，苦手な教科，苦手な分野を知ることです。苦手な教科，分野が分かったら，教科書や参考書に戻って重点的に学習する時間をつくりましょう。今の自分の実力を知れば，入試本番までの勉強の道すじが見えてきます。

試験に慣れよう！

入試では時間配分も重要です。本番で時間が足りなくなってあわてないように，リアル過去問で実戦演習をして，時間配分や出題パターンに慣れておきましょう。教科ごとに気持ちを切り替える練習もしておきましょう。

心を整えよう！

入試は誰でも緊張するものです。入試前日になったら，演習をやり尽くしたリアル過去問の表紙を眺めてみましょう。問題の内容を見る必要はもうありません。どんな形式だったかな？受験番号や氏名はどこに書くのかな？…ほんの少し見ておくだけでも，志望校の入試に向けて心の準備が整うことでしょう。

そして入試本番では，見慣れた問題紙面が緊張した心を落ち着かせてくれるはずです。

※まれに入試形式を変更する学校もありますが，条件はほかの受験生も同じです。心を整えてあせらずに問題に取りかかりましょう。

熊本学園大学付属中学校

《国　語》

一　一．①ウ　②ア　二．年代が高くなるにしたがって、利用時間が長くなっています　三．メディアの利用時間とその信頼度はあまり関係がなく、若年層は長時間利用するネットよりも、テレビ、新聞への信頼度が高いです

二　一．a．背景　b．いとな　c．故障　二．エ　三．エ　四．ア　五．人の欲望の対象が「物そのもの」から、「物に付随する意味(＝情報)」へと変化し、それが社会を大きく動かすようになった。　六．イ

三　一．a．告　b．鼻　c．減　二．A．エ　B．ア　C．ウ　三．ア
四．親切でやさしく、協調性のある　五．イ　六．ア

四　①辞職　②唱　③推測　④奮　⑤復興　⑥迷　⑦源　⑧存在　⑨有益　⑩湖

《算　数》

1　(1)0.063　(2)$8\frac{5}{9}$　(3)12.8　(4)$\frac{11}{30}$　(5)600　(6)$2\frac{7}{10}$　(7)119　(8)5.9

2　(1)1日4時間36分　(2)3000　(3)21　(4)29　(5)2　(6)3

3　(1)39　(2)6，10　(3)116

4　(1)3000　(2)50　(3)午後3時22分

5　(1)10　(2)$6\frac{2}{7}$　(3)19：29　(4)3.14

《理　科》

1　(1)果実　(2)②ナズナ　春の七草…ア，イ，オ　(3)イ，エ　(4)ウ　(5)ミツバチが花のみつや花粉を集めるときに，花粉がめしべについて受粉するから。　(6)A．胸　B．腹　C．しょっ角　D．3　E．4

2　(1)130　(2)①小さい　②上　③40　(3)X．75　Y．50　(4)20　(5)エ

3　(1)9　(2)イ　(3)①乱層雲　②積乱雲　(4)ひまわり　(5)イ→ウ→ア→エ　(6)①ア　②ウ　③キ　④カ

4　(1)ア　(2)カ　(3)エ　(4)①イ　②ア　③ア　(5)①ア　②ア　③ウ

《社　会》

1　1．(1)①ヒマラヤ山脈　②ナイル川　③長江　(2)エ　2．(1)加工貿易　(2)ウ　(3)石灰　3．(1)カ　(2)記号…オ　道具の説明…風を利用して，もみとわらくずを分ける道具。

2　1．(1)邪馬台国　(2)銅　(3)ウ　(4)エ　(5)幕府が配下の武士に対して，以前から所有していた領地を保護すること。(6)エ　(7)ウ　(8)ウ→ア→イ→エ　(9)武士と農民との身分の区別が明確になった。　(10)ウ
2．ア．日清　イ．綿花　ウ．綿糸

3　1．横浜　2．ウ　3．ウ→ア→エ→イ　4．健康　5．ア

2024 算数解説 令和6年度 熊本学園大学付属中学校

1 (2) 与式$=\frac{5}{3}\times11\times\frac{7}{15}=\frac{77}{9}=$ **$8\frac{5}{9}$**

(3) 与式$=14-1.2=$ **12.8**

(4) 与式$=\frac{1}{2}+\frac{2}{3}-(\frac{5}{10}+\frac{3}{10})=\frac{1}{2}+\frac{2}{3}-\frac{8}{10}=\frac{15}{30}+\frac{20}{30}-\frac{24}{30}=$ **$\frac{11}{30}$**

(5) 与式$=7\times6\times5\times4-6\times5\times4\times3+5\times4\times(3\times2)=6\times5\times4\times(7-3+1)=$

$6\times5\times4\times5=30\times20=$ **600**

(6) 与式$=(\frac{4}{5}\times\frac{25}{10}-\frac{5}{10}\times\frac{2}{5})\times\frac{3}{2}=(2-\frac{1}{5})\times\frac{3}{2}=\frac{9}{5}\times\frac{3}{2}=\frac{27}{10}=$ **$2\frac{7}{10}$**

(7) 与式$=123-(1414-426)\div19\div13=123-988\div19\div13=123-52\div13=123-4=$ **119**

(8) 与式より，$7.2-□=2.8-\frac{3}{2}$　　$7.2-□=2.8-1.5$　　$7.2-□=1.3$ より，$□=7.2-1.3=$ **5.9**

2 (1) 1716÷60＝28 余り 36 より，1716 分＝28 時間 36 分であり，28÷24＝１余り４より，28 時間＝１日４時間だから，1716 分だけ時間が過ぎると，**１日４時間 36 分**だけ時間が過ぎる。

(2) 600 円の本を買ったら，所持金の２割が減ったことより，本を買う前の所持金の２割にあたる大きさが 600 円なので，本を買う前の所持金は，600÷0.2＝**3000**(円)

(3) **【解き方】(２でも７でも割り切れない整数)＝(全体の整数)－(２または７で割り切れる整数)より考える。**

１から 50 までの整数の中で，２で割り切れる整数は，50÷２＝25(個)あり，７で割り切れる整数は，50÷７＝７余り１より，７個あり，２と７の最小公倍数である 14 で割り切れる整数は，50÷14＝３余り８より，３個ある。よって，１から 50 までの整数の中で，２または７で割り切れる整数は，25＋７－３＝29(個)なので，２でも７でも割り切れない整数は，50－29＝**21**(個)

(4) ある数を□とすると，ある数から 10 をひいて３倍した数に 10 をたすと 67 になることから，

(□－10)×３＋10＝67 となり，(□－10)×３＝67－10　　□－10＝57÷３　　□＝19＋10＝**29**

(5) 1.2 km＝1200m であることから，分速 75m で 12 分歩いたときの残りの道のりは，1200－75×12＝1200－900＝300(m)より，残りの道のりを分速 150m で走ったときにかかった時間は，300÷150＝**２**(分)

(6) 青玉の個数を①とすると，赤玉の個数は青玉の２倍なので，②と表される。白玉と青玉の個数の和は３色の玉の個数の合計の$\frac{2}{3}$より，赤玉の個数は３色の玉の個数の合計の$1-\frac{2}{3}=\frac{1}{3}$となるから，３色の玉の個数の合計は，②$\div\frac{1}{3}=$②×３＝⑥と表されるので，白玉の個数は⑥－(①＋②)＝③と表される。よって，白玉の個数は青玉の個数の**３倍**とわかる。

3 (1) 下から７番目の段の１番左の数は，１番下の段の左から６番目の数に１をたした数であり，１番下の段の左から６番目の数は問題文より 36 となるから，36＋１＝37 となる。よって，下から７番目の段の左から３番目の数は，下から７番目の段の１番左の数である 37 より３－１＝２大きい数なので，37＋２＝**39**

(2) １番下の段の左から９番目の数は９×９＝81 より，下から 10 番目の段の１番左の数は 81＋１＝82 となる。下から 10 番目の段は１番左の数から左から 10 番目まで１ずつ大きくなり，左から 10 番目の数は，１番左の 82 より 10－１＝９大きい数なので，82＋９＝91 となる。左から 10 番目の列は，下から 10 番目の数から１番下まで１ずつ大きくなり，95 は下から 10 番目の 91 から，下に 95－91＝４進んだ位置にあるので，10－４＝６より，95 は**下から６番目の段の左から 10 番目**

(3) **【解き方】(奇数)×(奇数)となっている数の位置に着目して考える。**

図２において，１×１＝１，３×３＝９，５×５＝25 に着目すると，９は１から左に１，上に１進んだ位置にあり，25 は１から左に２，上に２進んだ位置にある。このことから，１から左に５，上に５進んだ位置にある数は，

小さい方から１＋５＝６（番目）の奇数である１＋２×５＝11をもとに，11×11＝121となる。よって，１より５つ上の段で１の真上に入る数は，１より左に５，上に５進んだ位置にある数121から右に５進んだ数であり，これは121より５小さい数となるので，121－５＝**116**

4 (1)　学校からＰ地点までの道のりは700ｍで，Ｐ地点からＱ地点までの道のりは90×10＝900（ｍ）で，Ｑ地点から学さんに追いつくまでに進んだ道のりは200×７＝1400（ｍ）なので，学校から学さんに追いつくまでの道のりは，700＋900＋1400＝**3000**（ｍ）

(2)　**【解き方】Ｑ地点から園子さんが学さんに追いつく地点までの学さんが歩いた時間と道のりをもとに求める。**
園子さんが学さんに追いついた地点をＲとする。園子さんが学校からＲ地点まで進むのにかかった時間は５＋10＋７＝22（分）間であり，学さんは園子さんが学校を出発する６分前にＱ地点を出発していることから，学さんがＱ地点からＲ地点までにかかった時間は，22＋６＝28（分）間である。Ｑ地点からＲ地点の道のりは(1)より1400ｍなので，学さんの歩く速さは，1400÷28＝50より，分速**50**ｍ

(3)　(1)より，学校からＱ地点までの道のりは700＋900＝1600（ｍ）であり，学さんの歩く速さは(2)より分速50ｍだから，学校からＱ地点まで歩くのに学さんがかかった時間は1600÷50＝32（分）である。学さんは園子さんが学校を出発する午後４時の６＋32＝38（分）前に学校を出発したことがわかる。よって，60－38＝22（分）より，求める時刻は**午後３時22分**である。

5 (1)　**【解き方】三角形の１つの外角は，このとなり合わない２つの内角の和と等しいことを利用する。**

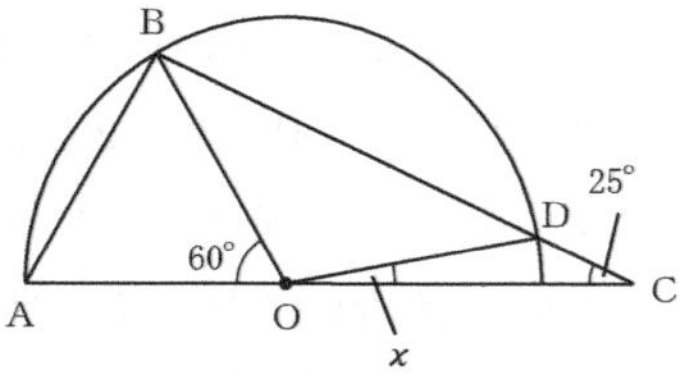

右図のように記号をおく。三角形ＯＣＤについて，角ＯＤＢ＝（x＋25）°
三角形ＯＢＤはＯＤ＝ＯＢの二等辺三角形だから，角ＯＢＤ＝角ＯＤＢ＝（x＋25）°である。三角形ＡＯＢは正三角形なので，角ＡＯＢ＝60°だから，三角形ＯＢＣについて，角ＯＢＣ＋角ＯＣＢ＝角ＡＯＢ，（x＋25）°＋25°＝60°より，x＝60°－50°＝**10°**

(2)　**【解き方】三角形ＡＢＤの面積を求め，ＡＤを底辺したときの高さがx㎝として式をつくる。**
三角形ＡＢＤの底辺をＡＢとすると，高さはＢＣ＝11㎝だから，三角形ＡＢＤの面積は，８×11÷２＝44（㎠）
xの値は，三角形ＡＢＤのＡＤを底辺としたときの高さとなるので，三角形ＡＢＤの面積について，14×x÷２＝44より，14×x＝44×２　　x＝88÷14＝$\frac{44}{7}$＝**$6\frac{2}{7}$**（㎝）

(3)　辺ＣＤを軸として回転させてできる円柱は底面が半径19㎝の円で高さが29㎝であり，辺ＢＣを軸として回転させてできる円柱は底面が半径29㎝の円で高さが19㎝である。よって，ＰとＱの体積の比は，
（19×19×3.14×29）：（29×29×3.14×19）＝
{（19×19×3.14×29）÷29÷3.14÷19}：{（29×29×3.14×19）÷29÷3.14÷19}＝**19：29**

(4)　右図のように補助線を引き，記号をおく。正三角形ＰＱＲが辺ＡＢと重なった状態から動き始め，再び正三角形の１つの辺が辺ＡＢと重なるまで動くとき，辺ＱＲが辺ＢＣに重なり（図１），辺ＰＲが辺ＤＣに重なり，辺ＱＰが辺ＡＤに重なり（図２），辺ＱＲが辺ＡＢに重なる（図３）。点Ｒが動くのは図１，図２，図３の場合であり，図１について，㋐の角度は，90°－60°＝30°で，360°÷30°＝12だから，図１で点Ｒが動いた長さは，半径が２㎝の円の円周の$\frac{1}{12}$の大きさである。図２，図３の場合で点Ｒが動いた長さは図１と同じなので，三角形ＰＱＲが辺ＡＢと重なった状態から動き始め，再び正三角形の１つの辺が辺ＡＢと重なるまで動くときの点Ｒが動いた長さは，

図１　図２　図３

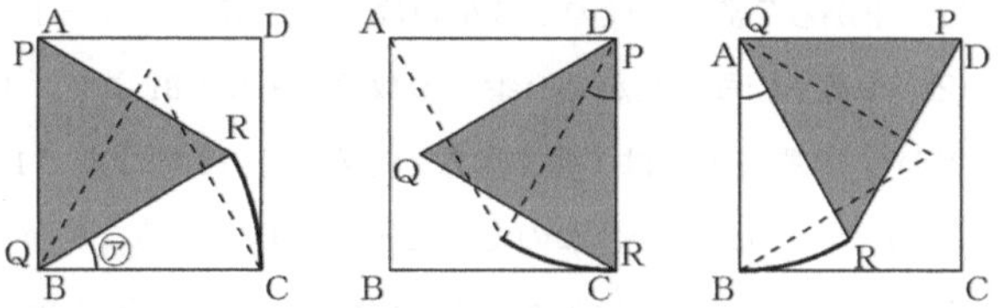

（２×２×3.14×$\frac{1}{12}$）×３＝２×２×$\frac{1}{12}$×３×3.14＝１×3.14＝**3.14**（㎝）

熊本学園大学付属中学校

《国　語》

一 〈作文のポイント〉

・最初に自分の主張、立場を明確に決め、その内容に沿って書いていく。

・わかりやすい表現を心がける。自信のない表現や漢字は使わない。

さらにくわしい作文の書き方・作文例はこちら！→https://kyoei-syuppan.net/mobile/files/sakupo.html

二 一．a．欠　b．極度　c．着手　二．A．イ　B．ウ　C．ア　三．イ　四．ウ　五．D

六．1．全員が同時に行動を起こし、一つの仕事に取りかかる　2．必要な労働力の必要な場所への配置や、同時に生じた複数の仕事への対処が　七．ウ

三 一．a．せ　b．述　c．斜線　二．A．手　B．目　三．ウ　四．ウ　五．真っ赤になること。

六．二分の一　七．エ

四 ①展開　②由来　③在宅　④勤務　⑤手間　⑥迷信　⑦省　⑧営　⑨包装　⑩賛同

《算　数》

1 (1)8　(2)2.701　(3)2　(4)$\frac{60}{91}$　(5)$\frac{1}{9}$　(6)7200　(7)$\frac{3}{7}$　(8)24000

2 (1)0.51，$\frac{50}{99}$，$\frac{50}{101}$　(2)97　(3)110　(4)15　(5)19　(6)24：25

3 ア．5　イ．89　ウ．274

4 (1)224　(2)55　(3)144

5 (1)34　(2)3　(3)41.12　(4)392.5

《理　科》

1 (1)コイル　(2)②ウ　③ク，ケ，コ　④ア，オ　⑤エ

(3)6

2 1．(1)ア　(2)イ，オ　(3)ア，エ

(4)太陽光発電／風力発電／地熱発電／水力発電 などから3つ

2．(1)活火山　(2)ア，ウ　(3)カ

3 1．(1)C，E　(2)A，B，D，F　(3)B　(4)イ　(5)ウ

2．(1)右グラフ　(2)イ

4 (1)葉緑体　(2)①ヨウ素液　②青むらさき　(3)ウ，エ

(4)エ　(5)④多くなる　⑤一定　⑥光合成　⑦酸素

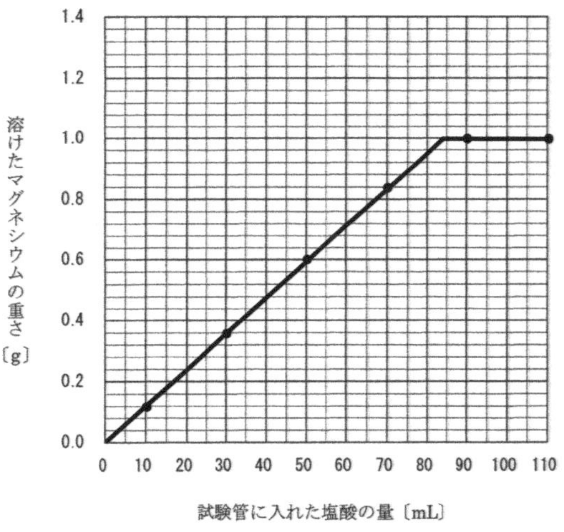

《社　会》

1　1．(1)①人口　②中国　③インド　(2)トウモロコシを原料とするバイオ燃料を生産するようになった　(3)イ　(4)ウ　(5)二毛作　　2．(1)イ　(2)エ

2　1．(1)藤原頼通　(2)B．天皇のきさき　C．結びつきを強めておこなった　(3)誤っている語…歌舞伎　正しく書きかえたもの…能〔別解〕連歌　(4)ウ→ア→エ→イ　(5)ウ　(6)ウ　　2．(1)エ　(2)ア　(3)ア

3　1．エ　　2．イ　　3．車いすを利用する人のために，電車の車内で座る場所を確保したり，駅の改札を通りやすいように広くしたりしている。　　4．ウ　　5．ア　　6．ウ　　7．説明…A　場所…G

2023 算数解説 ＞ 熊本学園大学付属中学校

令和５年度

1 (1) 与式＝99－91＝**8**

(3) 与式＝46÷23＝**2**

(4) 与式＝$\frac{3}{13}\times 3-\frac{3}{91}=\frac{63}{91}-\frac{3}{91}=\mathbf{\frac{60}{91}}$

(5) 与式＝$(\frac{10}{12}-\frac{3}{12})\div\frac{1}{4}-1.25\times\frac{16}{9}=\frac{7}{12}\times 4-\frac{5}{4}\times\frac{16}{9}=\frac{7}{3}-\frac{20}{9}=\frac{21}{9}-\frac{20}{9}=\mathbf{\frac{1}{9}}$

(6) 与式＝18×(27＋45)＋72×82＝18×72＋72×82＝72×(18＋82)＝72×100＝**7200**

(7) 与式より，$\frac{2}{5}+\square=\frac{3}{10}\times\frac{58}{21}$　　$\square=\frac{29}{35}-\frac{2}{5}=\frac{29}{35}-\frac{14}{35}=\frac{15}{35}=\mathbf{\frac{3}{7}}$

(8) 1㎡＝1m×1m＝100㎝×100㎝＝10000㎠だから，2.4㎡＝(2.4×10000)㎠＝**24000㎠**

2 (1) $\frac{50}{101}$＝50÷101＝0.49…，$\frac{50}{99}$＝50÷99＝0.50…だから，大きい方から順に並べると，**0.51，$\mathbf{\frac{50}{99}}$，$\mathbf{\frac{50}{101}}$**となる。

(2) **【解き方】３でわっても４でわっても１あまる数のうち最小の数をまず見つける。**

３でわっても１あまる数は，１，４，７，10，13，…　　４でわっても１あまる数は，１，５，９，13，…

よって，３でわっても４でわっても１あまる数のうち，最小の数は13で，これに３と４の最小公倍数である12を足していっても，条件に合う。100－13＝87，87÷12＝７あまり３より，条件に合う100に近い数は，13＋12×７＝97，97＋12＝109であり，97の方が100に近いので，求める数は**97**である。

(3) 昨年の入学者数の130％＝$\frac{130}{100}=\frac{13}{10}$が143人なので，昨年の入学者数は，143÷$\frac{13}{10}$＝143×$\frac{10}{13}$＝**110**(人)

(4) 連続する５つの整数のうち，１番大きい整数は，２番目，３番目，４番目，５番目に大きい整数よりも，それぞれ１，２，３，４だけ大きい。よって，１番大きい整数の５倍は65＋１＋２＋３＋４＝75だから，１番大きい整数は，75÷５＝**15**

(5) 箱の代金を除くおかしだけの代金の合計は1620－100＝1520(円)だから，買ったおかしの個数は，1520÷80＝**19**(個)

(6) (速さ)＝(道のり)÷(時間)なので，求める比は，(６÷５)：(５÷４)＝$\frac{6}{5}:\frac{5}{4}$＝**24：25**

3 **【解き方】階段を１歩で１段か２段か３段あがるときは，最後の１歩が３段あがる場合と２段あがる場合と１段あがる場合があるので，10段目までの上り方は，７段目までの上り方と８段目までの上り方と９段目までの上り方の数をたせばよい。**

１歩で１段か２段あがるとき，４段目までの上り方は，【１段→１段→１段→１段】【１段→１段→２段】【１段→２段→１段】【２段→１段→１段】【２段→２段】の**５**通りある。

(５段目までの上り方)＝(３段目までの上り方)＋(４段目までの上り方)＝３＋５＝８(通り)だから，同様に考えると，６段目までの上り方は５＋８＝13(通り)，７段目までの上り方は８＋13＝21(通り)，８段目までの上り方は13＋21＝34(通り)，９段目までの上り方は21＋34＝55(通り)，10段目までの上り方は34＋55＝**89**(通り)ある。

１歩で１段か２段か３段あがるとき，１段目までの上り方は１通り，２段目までの上り方は【１段→１段】【２段】の２通り，３段目までの上り方は【１段→１段→１段】【１段→２段】【２段→１段】【３段】の４通り，４段目までの上り方は１＋２＋４＝７(通り)，５段目までの上り方は２＋４＋７＝13(通り)，６段目までの上り方は４＋７＋13＝24(通り)，７段目までの上り方は７＋13＋24＝44(通り)，８段目までの上り方は13＋24＋44＝81(通り)，９段目までの上り方は24＋44＋81＝149(通り)，10段目までの上り方は44＋81＋149＝**274**(通り)ある。

4 (1) **【解き方】最初の発車からは，１回発車するごとに列に並んでいた人が40－８＝32(人)減る。**

20分後，ジェットコースターは最初の発車を除いてちょうど20÷５＝４(回目)の発車をするから，求める人数は，352－32×４＝**224**(人)

(2)　順番待ちがいなくなるのは，ジェットコースターが最初の発車を除いて 352÷32＝11(回目)に発車したときだから，求める時間は，５×11＝**55**(分後)

(3)　**【解き方】定員が 40÷２＝20(人)になるので，１回発車するごとに列に並んでいた人が 20－８＝12(人)減る。**

372÷20＝18 余り 12 より，372 人の最後の１人を乗せたジェットコースターは，最初の発車を除いて 19 回目に発車したものである。よって，求める人数は，372－12×19＝**144**(人)

5　(1)　三角形ＣＢＤはＣＢ＝ＣＤの二等辺三角形だから，角ＣＢＤ＝(180°－34°)÷２＝73°

三角形ＡＢＣはＡＢ＝ＡＣの二等辺三角形だから，角ＡＣＢ＝角ＡＢＣ＝73°，角x＝180°－73°×２＝**34°**

(2)　**【解き方】もとの立方体の１辺の長さを３cmとして考える。このとき，分解した 27 個の立方体の１辺の長さは３÷３＝１(cm)となる。**

立方体の面は６個あるので，もとの立方体の表面積は，(３×３)×６＝54(cm²)

分解した立方体１個の表面積は(１×１)×６＝６(cm²)だから，27 個の立方体の表面積の合計は，６×27＝162(cm²)

よって，もとの立方体の表面積の 162÷54＝**3**(倍)になる。

(3)　**【解き方】右のように円の中心をとり，２つの合同な三角形と２つのおうぎ形にわけて考える。**

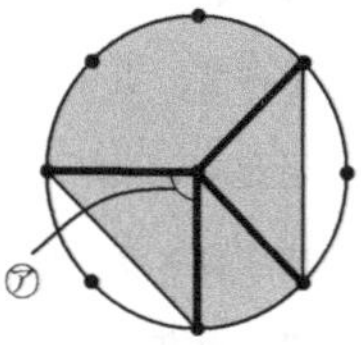

２つのおうぎ形を合わせると，半径が４cmの円の$\frac{3}{8}+\frac{1}{8}=\frac{1}{2}$のおうぎ形になるから，

面積の和は，４×４×3.14×$\frac{1}{2}$＝25.12(cm²)

角㋐＝360°×$\frac{2}{8}$＝90°より，２つの三角形はともに，直角をはさむ２辺の長さが４cmの直角二等辺三角形だから，

面積の和は，４×４÷２×２＝16(cm²)　　よって，色をつけた部分の面積は，25.12＋16＝**41.12**(cm²)

(4)　**【解き方】できる立体は右図のように半円を底面とする高さが 10 cmの柱体となる。また，半円の曲線部分の長さは 15.7 cmである。**

円周は(直径)×3.14 で求められるので，半円の直径は 15.7×２÷3.14＝10(cm)，半径は 10÷２＝５(cm)である。よって，半円の面積は５×５×3.14÷２＝39.25(cm²)だから，

立体の体積は，39.25×10＝**392.5**(cm³)

2022 解答例
令和4年度

★熊本学園大学付属中学校

《国　語》

一 〈作文のポイント〉

・最初に自分の主張、立場を明確に決め、その内容に沿って書いていく。

・わかりやすい表現を心がける。自信のない表現や漢字は使わない。

さらにくわしい作文の書き方・作文例はこちら！→

https://kyoei-syuppan.net/mobile/files/sakupo.html

二 一. a. 保守　b. 絶　c. 実際　二. A. イ　B. エ　C. ウ　三. ウ　四. 下に並んだものが中心的で優勢なもので、上のものは従属するもの　五. ア　六. イ　七. X.「中心」　Y. 文化

三 一. a. 堂々　b. 歴然　c. 他愛　二. イ　三. エ　四. 雷光は、観客のどよめきに恐れを感じ、逃げ出したのではないかと考えた。　五. エ　六. エ

四 ①慣習　②山積　③忠実　④健在　⑤過程　⑥確立　⑦省　⑧正大　⑨菜園　⑩指図

《算　数》

1 (1)18　(2) $1\frac{9}{16}$　(3) $12\frac{1}{2}$　(4) $3\frac{13}{24}$　(5) $9\frac{1}{6}$　(6) $\frac{5}{7}$　(7)ア. 3　イ. 0.35　(8)10

2 (1) $\frac{14}{17}$　(2)①2.6　②3　(3)10　(4)2　(5)14：45　(6)2700

3 (1)21　(2)161　(3)74

4 (1)3：4　(2)5：4　(3)30

5 (1)26　(2)25　(3)4　(4)45.01

《理　科》

1 (1)イ　(2)オ　(3)キ　(4)エ　(5)太陽，地球，月の順に一直線上に並ぶとき。　(6)ウ

2 1. (1)ウ　(2)C　(3)ア　(4)エ　2. (1)水素　(2)イ　(3)エ

3 (1)ア　(2)広い　(3)エ　(4)4　(5)③4　④4　(6)32.8

4 1. (1)ア，ウ，エ，カ　(2)オ　(3)②　(4)ウ　2. (1)イ，カ　(2)葉緑体　(3)ア，エ，カ　(4)イ，オ　(5)褐虫藻が光合成でつくる栄養分をもらえなくなるから。

《社　会》

1　1．ヒマラヤ　2．南／20／東／80　3．①ウ　②オ　③エ　4．(1)イ　(2)ケ　(3)魚体に傷がつきにくく，鮮度が高い点。　5．(1)オーストラリア　(2)石炭　(3)イ　6．(1)カ　(2)ソ

2　1．R．藤原京　S．徳川家康　(1)エ　(2)イ　(3)ア　(4)T．唐風の文化　U．合わせて　(5)エ　(6)イ→エ→ア→ウ
2．(1)イ，ウ　(2)ウ　(3)イ　(4)(アの例文)義務教育期間が6年から9年になった。／(イの例文)20才以上の男女に選挙権が与えられた。　(5)オ

3　1．イ　2．ブラジル　3．イ　4．(1)バイデン　(2)イ　5．ウ　6．(例文)海で自然に育った魚の漁獲量

2022 算数解説 ▶ 熊本学園大学付属中学校

令和4年度

1

(1) 与式＝6＋12＝18

(2) 与式$=\frac{9}{16}\div\frac{9}{25}=\frac{9}{16}\times\frac{25}{9}=\frac{25}{16}=1\frac{9}{16}$

(3) 与式$=4\div(0.3+0.02)=4\div0.32=4\div\frac{8}{25}=4\times\frac{25}{8}=\frac{25}{2}=12\frac{1}{2}$

(4) 与式$=\frac{25}{8}-\frac{7}{4}+\frac{13}{6}=\frac{75}{24}-\frac{42}{24}+\frac{52}{24}=\frac{85}{24}=3\frac{13}{24}$

(5) 与式$=(\frac{17}{5}-\frac{6}{5})\div\frac{6}{5}\times5=\frac{11}{5}\times\frac{5}{6}\times5=\frac{55}{6}=9\frac{1}{6}$

(6) 与式より，$12\times\frac{5}{4}\div□=21$　　15÷□＝21　　$□=15\div21=\frac{15}{21}=\frac{5}{7}$

(7) 23.45÷7.7＝3余り0.35より，7.7mのロープが ア 3本できて，イ 0.35m余る。

(8) 時速36㎞＝秒速$\frac{36\times1000}{60\times60}$m＝秒速10m

2

(1) **【解き方】0.8を17を分母とする分数で表す。**

$0.8=\frac{0.8}{1}=\frac{0.8\times17}{1\times17}=\frac{13.6}{17}$だから，求める分数は$\frac{14}{17}$である。

(2)① 1冊だけ読んだ人は，ア$=155\times\frac{20}{100}=31$(人)だから，3冊だけ読んだ人は，イ＝155－11－35－31－28－20＝30(人)である。読んだ冊数の合計は1×31＋2×35＋3×30＋4×28＋5×20＝31＋70＋90＋112＋100＝403(冊)だから，平均値は，403÷155＝2.6(冊)

② 155÷2＝77余り1より，中央値は，冊数を大きさ順で並べたときの78番目の冊数である。2冊以下の人が11＋31＋35＝77人，3冊以下の人が77＋30＝107(人)なので，中央値は3冊である。

(3) (A，B)(A，C)(A，D)(A，E)(B，C)(B，D)(B，E)(C，D)(C，E)(D，E)の10通りある。

(4) **【解き方】1人の1日あたりの仕事の量を1とすると，仕事の全体の量は1×8×15＝120となる。**

この仕事を12日で終わらせるためには，1日の仕事の量を120÷12＝10にすればよいので，働く人が10人であればよい。よって，増やす人数は，10－8＝2(人)

(5) A：B＝1：3より，B＝A×3　　B：C＝2：5より，$C=B\times\frac{5}{2}=A\times3\times\frac{5}{2}=A\times\frac{15}{2}$

C：D＝7：3より，$D=C\times\frac{3}{7}=A\times\frac{15}{2}\times\frac{3}{7}=A\times\frac{45}{14}$　　よって，$A:D=A:(A\times\frac{45}{14})=14:45$

(6) **【解き方】㋐1回目に使った後の残った金額《きんがく》→㋑はじめの所持金，の順で求める。**

下線部㋐の$1-\frac{2}{3}=\frac{1}{3}$より40円少ない金額が400円なので，㋐の$\frac{1}{3}$は400＋40＝440(円)，㋐は$440\div\frac{1}{3}=1320$(円)

㋑の半分より30円少ない金額が1320円なので，㋑の半分は1320＋30＝1350(円)，㋑は1350×2＝2700(円)

3 **【解き方】正五角形は，最初の1個をつくるのに必要なマッチ棒《ぼう》が5本で，以降は1個多くつくるごとに必要なマッチ棒が4本ふえる。**

(1) 必要なマッチ棒の本数は，5＋4×(5－1)＝21(本)

(2) 必要なマッチ棒の本数は，5＋4×(40－1)＝161(本)

(3) 最初の1個をつくると，残りのマッチ棒は300－5＝295(本)となるから，295÷4＝73余り3より，あと73個つくることができる。よって，求める個数は，1＋73＝74(個)

4 **【解き方】速さの比は，同じ時間で進む道のりの比に等しいことを利用する。**

(1) AB間では学さんは止まっていたので，学さんの進む速さと動く歩道の速さは等しい。

求める比は，同時にスタートしてから園子さんがB地点につくまでの学さんと園子さんが進んだ道のりの比に等しいから，(60－15)：60＝3：4

(2)　【解き方】(1)をふまえ，「学さんの歩く速さと動く歩道の動く速さの和」と「園子さんの歩く速さ」の比から「学さんの歩く速さ」と「園子さんの歩く速さ」の比を求める。

学さんがＣＤ間(60m)を移動している間，園子さんは60－14－16＝30(m)移動したから，「学さんの歩く速さと動く歩道の動く速さの和」と「園子さんの歩く速さ」の比は60：30＝２：１である。

(1)より，園子さんの歩く速さを４とすると，動く歩道の動く速さは３となる。このとき，「学さんの歩く速さと動く歩道の動く速さの和」は４×２＝８だから，求める比は，(８－３)：４＝５：４

(3)　【解き方】学さんがＢＣ間を移動している間の２人の間の距離《きょり》に注目する。

学さんがＡ地点から60m進んでＢ地点に来たとき，園子さんはＡ地点から$60\times\frac{4}{3}$＝80(m)進むから，Ｂ地点より80－60＝20(m)先にいる。よって，学さんがＢＣ間を移動すると，２人の間の距離は20－14＝６(m)短くなる。

学さんと園子さんの同じ時間で進む道のりの比は速さの比に等しく５：４であり，この比の数の差の５－４＝１が６mにあたるから，学さんの進んだ道のり(ＢＣ間の距離)は，６×５＝30(m)

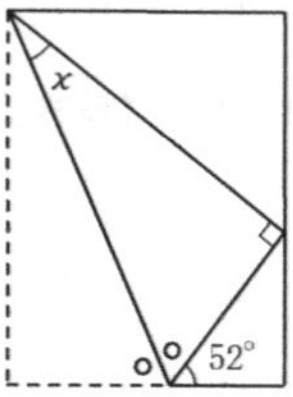

5　(1)　折って重なる角の大きさは等しいので，右図のように印をつける。

○＝(180°－52°)÷２＝64°だから，三角形の内角の和より，角x＝180°－90°－64°＝26°

(2)　【解き方】右のように作図し，三角形ＯＡＣと三角形ＯＢＤについて考える。

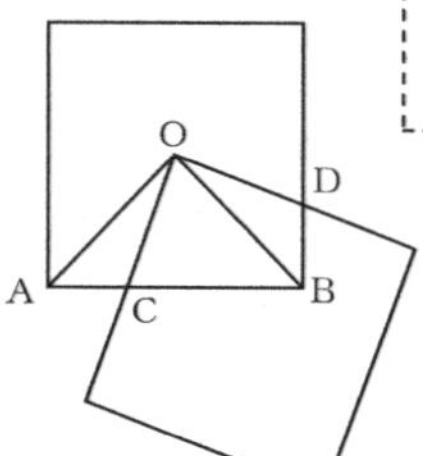

Ｏは正方形の対角線の交点(交わる点)だから，ＯＡ＝ＯＢ

また，角ＯＡＣ＝角ＯＢＤ＝45°

角ＡＯＢ＝角ＣＯＤ＝90°だから，角ＡＯＣ＝角ＢＯＤ＝90°－角ＣＯＢ

よって，三角形ＯＡＣと三角形ＯＢＤは合同だから，求める面積は，

三角形ＯＡＣと三角形ＣＯＢを合わせた三角形ＡＯＢの面積に等しい。三角形ＡＯＢの面積は正方形の面積の$\frac{1}{4}$だから，求める面積は，$10\times10\times\frac{1}{4}$＝25(㎠)

(3)　【解き方】図ⅰの矢印の方向から問題の図を見て，図ⅱのように作図する(かげが太線，棒が太点線)。

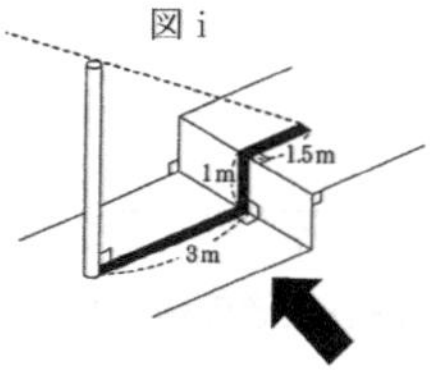

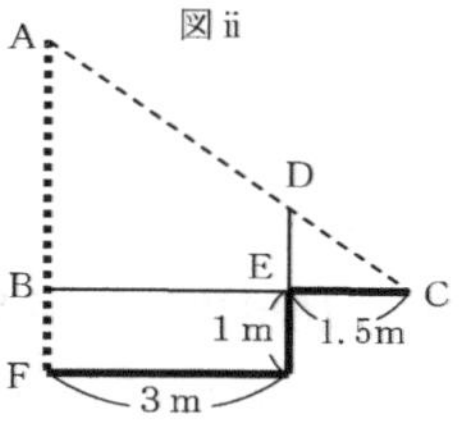

平らな地面に垂直に棒を立てると，棒の長さとかげの長さの比が１：1.5となるから，ＥＣ＝1.5mより，ＤＥ＝１mとわかる。三角形ＡＢＣと三角形ＤＥＣは同じ形の三角形であり，ＡＢ：ＤＥ＝ＢＣ：ＥＣ＝(３＋1.5)：1.5＝３：１だから，ＡＢ＝ＤＥ×３＝１×３＝３(m)

よって，棒の長さは，ＡＦ＝ＡＢ＋ＢＦ＝３＋１＝４(m)

(4)　【解き方】１辺の長さが４㎝の立方体の体積から，㋐１辺の長さが２㎝の立方体の体積と㋑底面の半径が１㎝で高さが４㎝の円柱の体積をひき，下線部㋐と㋑が重なっている部分の体積を足せばよい。

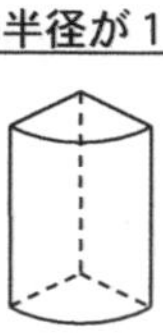

㋐と㋑が重なっている部分は，右図のように底面の半径が１㎝の円の$\frac{1}{4}$で，高さが２㎝の柱体だから，体積は，１×１×3.14÷４×２＝1.57(㎤)

よって，求める体積は，４×４×４－２×２×２－１×１×3.14×４＋1.57＝64－８－12.56＋1.57＝45.01(㎤)

■ ご使用にあたってのお願い・ご注意

（1）問題文等の非掲載

著作権上の都合により，問題文や図表などの一部を掲載できない場合があります。

誠に申し訳ございませんが，ご了承くださいますようお願いいたします。

（2）過去問における時事性

過去問題集は，学習指導要領の改訂や社会状況の変化，新たな発見などにより，現在とは異なる表記や解説になっている場合があります。過去問の特性上，出題当時のままで出版していますので，あらかじめご了承ください。

（3）配点

学校等から配点が公表されている場合は，記載しています。公表されていない場合は，記載していません。

独自の予想配点は，出題者の意図と異なる場合があり，お客様が学習するうえで誤った判断をしてしまう恐れがあるため記載していません。

（4）無断複製等の禁止

購入された個人のお客様が，ご家庭でご自身またはご家族の学習のためにコピーをすることは可能ですが，それ以外の目的でコピー，スキャン，転載（ブログ，ＳＮＳなどでの公開を含みます）などをすることは法律により禁止されています。学校や学習塾などで，児童生徒のためにコピーをして使用することも法律により禁止されています。

ご不明な点や，違法な疑いのある行為を確認された場合は，弊社までご連絡ください。

（5）けがに注意

この問題集は針を外して使用します。針を外すときは，けがをしないように注意してください。また，表紙カバーや問題用紙の端で手指を傷つけないように十分注意してください。

（6）正誤

制作には万全を期しておりますが，万が一誤りなどがございましたら，弊社までご連絡ください。

なお，誤りが判明した場合は，弊社ウェブサイトの「ご購入者様のページ」に掲載しておりますので，そちらもご確認ください。

■ お問い合わせ

解答例，解説，印刷，製本など，問題集発行におけるすべての責任は弊社にあります。

ご不明な点がございましたら，弊社ウェブサイトの「お問い合わせ」フォームよりご連絡ください。迅速に対応いたしますが，営業日の都合で回答に数日を要する場合があります。

ご入力いただいたメールアドレス宛に自動返信メールをお送りしています。自動返信メールが届かない場合は，「よくある質問」の「メールの問い合わせに対し返信がありません。」の項目をご確認ください。

また弊社営業日（平日）は，午前９時から午後５時まで，電話でのお問い合わせも受け付けています。

2025春

株式会社教英出版
〒422-8054　静岡県静岡市駿河区南安倍３丁目 12-28
TEL　054-288-2131　　FAX　054-288-2133
URL　https://kyoei-syuppan.net/
MAIL siteform@kyoei-syuppan.net

教英出版

教英出版の中学受験対策

中学受験面接の基本がここに！
知っておくべき面接試問の要領

面接試験に，落ち着いて自信をもってのぞむためには，あらかじめ十分な準備をしておく必要があります。面接の心得や，受験生と保護者それぞれへの試問例など，面接対策に必要な知識を1冊にまとめました。

- 面接の形式や評価のポイント，マナー，当日までの準備など，面接の基本をていねいに指南「面接はこわくない！」
- 書き込み式なので，質問例に対する自分の答えを整理して本番直前まで使える
- ウェブサイトで質問音声による面接のシミュレーションができる

定価：770円(本体700円+税)

入試テクニックシリーズ

必修編

基本をおさえて実力アップ！
1冊で入試の全範囲を学べる！
基礎力養成に最適！

こんな受験生には必修編がおすすめ！

- 入試レベルの問題を解きたい
- 学校の勉強とのちがいを知りたい
- 入試問題を解く基礎力を固めたい

定価：1,100円(本体1,000+税)

発展編

応用力強化で合格をつかむ！
有名私立中の問題で
最適な解き方を学べる！

こんな受験生には発展編がおすすめ！

- もっと難しい問題を解きたい
- 難関中学校をめざしている
- 子どもに難問の解法を教えたい

定価：1,760円(本体1,600+税)

絶賛販売中！

詳しくは教英出版で検索

教英出版　検索

URL https://kyoei-syuppan.net/

教英出版の親子で取りくむシリーズ

公立中高一貫校とは？適性検査とは？
受検を考えはじめた親子のための
最初の１冊！

「概要編」では公立中高一貫校の仕組みや適性検査の特徴をわかりやすく説明し，「例題編」では実際の適性検査の中から，よく出題されるパターンの問題を厳選して紹介しています。実際の問題紙面も掲載しているので受検を身近に感じることができます。

- 公立中高一貫校を知ろう！
- 適性検査を知ろう！
- 教科的な問題〈適性検査ってこんな感じ〉
- 実技的な問題〈さらにはこんな問題も！〉
- おさえておきたいキーワード

定価：1,078円(本体980+税)

適性検査の作文問題にも対応！
「書けない」を「書けた！」に
導く合格レッスン

「実力養成レッスン」では，作文の技術や素材の見つけ方，書き方や教え方を対話形式でわかりやすく解説。実際の入試作文をもとに，とり外して使える解答用紙に書き込んでレッスンをします。赤ペンの添削例や，「添削チェックシート」を参考にすれば，お子さんが書いた作文をていねいに添削することができます。

- レッスン１ 作文の基本と，書くための準備
- レッスン２ さまざまなテーマの入試作文
- レッスン３ 長文の内容をふまえて書く入試作文
- 実力だめし！入試作文
- 別冊「添削チェックシート・解答用紙」付き

定価：1,155円(本体1,050+税)

絶賛販売中！

詳しくは教英出版で検索

教英出版 検索

URL https://kyoei-syuppan.net/

教英出版　2025年春受験用　中学入試問題集

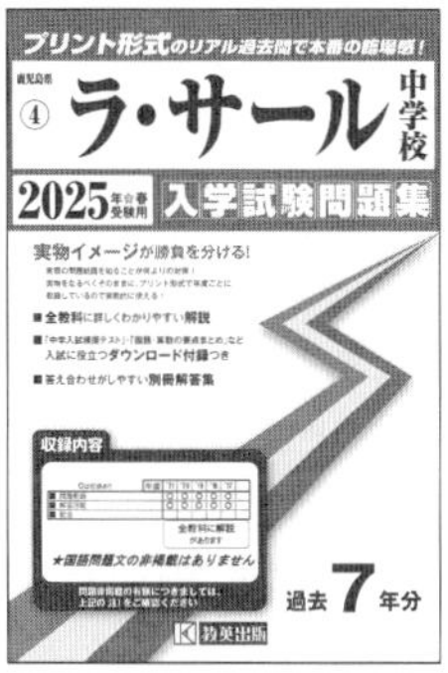

学校別問題集

✿はカラー問題対応

北海道

①[市立]札幌開成中等教育学校
②藤女子中学校
③北嶺中学校
④北星学園女子中学校
⑤札幌大谷中学校
⑥札幌光星中学校
⑦立命館慶祥中学校
⑧函館ラ・サール中学校

青森県

①[県立]三本木高等学校附属中学校

岩手県

①[県立]一関第一高等学校附属中学校

宮城県

①[県立]宮城県古川黎明中学校
②[県立]宮城県仙台二華中学校
③[市立]仙台青陵中等教育学校
④東北学院中学校
⑤仙台白百合学園中学校
⑥聖ウルスラ学院英智中学校
⑦宮城学院中学校
⑧秀光中学校
⑨古川学園中学校

秋田県

①[県立]
- 大館国際情報学院中学校
- 秋田南高等学校中等部
- 横手清陵学院中学校

山形県

①[県立]
- 東桜学館中学校
- 致道館中学校

福島県

①[県立]
- 会津学鳳中学校
- ふたば未来学園中学校

茨城県

①[県立]
- 日立第一高等学校附属中学校
- 太田第一高等学校附属中学校
- 水戸第一高等学校附属中学校
- 鉾田第一高等学校附属中学校
- 鹿島高等学校附属中学校
- 土浦第一高等学校附属中学校
- 竜ヶ崎第一高等学校附属中学校
- 下館第一高等学校附属中学校
- 下妻第一高等学校附属中学校
- 水海道第一高等学校附属中学校
- 勝田中等教育学校
- 並木中等教育学校
- 古河中等教育学校

栃木県

①[県立]
- 宇都宮東高等学校附属中学校
- 佐野高等学校附属中学校
- 矢板東高等学校附属中学校

群馬県

①
- [県立]中央中等教育学校
- [市立]四ツ葉学園中等教育学校
- [市立]太田中学校

埼玉県

①[県立]伊奈学園中学校
②[市立]浦和中学校
③[市立]大宮国際中等教育学校
④[市立]川口市立高等学校附属中学校

千葉県

①[県立]
- 千葉中学校
- 東葛飾中学校

②[市立]稲毛国際中等教育学校

東京都

①[国立]筑波大学附属駒場中学校
②[都立]白鷗高等学校附属中学校
③[都立]桜修館中等教育学校
④[都立]小石川中等教育学校
⑤[都立]両国高等学校附属中学校
⑥[都立]立川国際中等教育学校
⑦[都立]武蔵高等学校附属中学校
⑧[都立]大泉高等学校附属中学校
⑨[都立]富士高等学校附属中学校
⑩[都立]三鷹中等教育学校
⑪[都立]南多摩中等教育学校
⑫[区立]九段中等教育学校
⑬開成中学校
⑭麻布中学校
⑮桜蔭中学校
⑯女子学院中学校
✿⑰豊島岡女子学園中学校
⑱東京都市大学等々力中学校
⑲世田谷学園中学校
✿⑳広尾学園中学校（第2回）
✿㉑広尾学園中学校（医進・サイエンス回）
㉒渋谷教育学園渋谷中学校（第1回）
㉓渋谷教育学園渋谷中学校（第2回）
㉔東京農業大学第一高等学校中等部（2月1日 午後）
㉕東京農業大学第一高等学校中等部（2月2日 午後）

神奈川県

①[県立]相模原中等教育学校
　　　　平塚中等教育学校
②[市立]南高等学校附属中学校
③[市立]横浜サイエンスフロンティア高等学校附属中学校
④[市立]川崎高等学校附属中学校
✿⑤聖光学院中学校
✿⑥浅野中学校
⑦洗足学園中学校
⑧法政大学第二中学校
⑨逗子開成中学校（1次）
⑩逗子開成中学校（2·3次）
⑪神奈川大学附属中学校（第1回）
⑫神奈川大学附属中学校（第2·3回）
⑬栄光学園中学校
⑭フェリス女学院中学校

新潟県

①[県立]村上中等教育学校
　　　　柏崎翔洋中等教育学校
　　　　燕中等教育学校
　　　　津南中等教育学校
　　　　直江津中等教育学校
　　　　佐渡中等教育学校
②[市立]高志中等教育学校
③新潟第一中学校
④新潟明訓中学校

石川県

①[県立]金沢錦丘中学校
②星稜中学校

福井県

①[県立]高志中学校

山梨県

①山梨英和中学校
②山梨学院中学校
③駿台甲府中学校

長野県

①[県立]屋代高等学校附属中学校
　　　　諏訪清陵高等学校附属中学校
②[市立]長野中学校

岐阜県

①岐阜東中学校
②鶯谷中学校
③岐阜聖徳学園大学附属中学校

静岡県

①[国立]静岡大学教育学部附属中学校
　　　　（静岡·島田·浜松）
②[県立]清水南高等学校中等部
　[県立]浜松西高等学校中等部
　[市立]沼津高等学校中等部
③不二聖心女子学院中学校
④日本大学三島中学校
⑤加藤学園暁秀中学校
⑥星陵中学校
⑦東海大学付属静岡翔洋高等学校中等部
⑧静岡サレジオ中学校
⑨静岡英和女学院中学校
⑩静岡雙葉中学校
⑪静岡聖光学院中学校
⑫静岡学園中学校
⑬静岡大成中学校
⑭城南静岡中学校
⑮静岡北中学校
⑯常葉大学附属常葉中学校
　常葉大学附属橘中学校
　常葉大学附属菊川中学校
⑰藤枝明誠中学校
⑱浜松開誠館中学校
⑲静岡県西遠女子学園中学校
⑳浜松日体中学校
㉑浜松学芸中学校

愛知県

①[国立]愛知教育大学附属名古屋中学校
②愛知淑徳中学校
③名古屋経済大学市邨中学校
　名古屋経済大学高蔵中学校
④金城学院中学校
⑤椙山女学園中学校
⑥東海中学校
⑦南山中学校男子部
⑧南山中学校女子部
⑨聖霊中学校
⑩滝中学校
⑪名古屋中学校
⑫大成中学校
⑬愛知中学校
⑭星城中学校
⑮名古屋葵大学中学校
　（名古屋女子大学中学校）
⑯愛知工業大学名電中学校
⑰海陽中等教育学校（特別給費生）
⑱海陽中等教育学校（I·II）
⑲中部大学春日丘中学校
新刊⑳名古屋国際中学校

三重県

①[国立]三重大学教育学部附属中学校
②暁中学校
③海星中学校
④四日市メリノール学院中学校
⑤高田中学校
⑥セントヨゼフ女子学園中学校
⑦三重中学校
⑧皇學館中学校
⑨鈴鹿中等教育学校
⑩津田学園中学校

滋賀県

①[国立]滋賀大学教育学部附属中学校
②[県立]河瀬中学校
　　　　守山中学校
　　　　水口東中学校

京都府

①[国立]京都教育大学附属桃山中学校
②[府立]洛北高等学校附属中学校
③[府立]園部高等学校附属中学校
④[府立]福知山高等学校附属中学校
⑤[府立]南陽高等学校附属中学校
⑥[市立]西京高等学校附属中学校
⑦同志社中学校
⑧洛星中学校
⑨洛南高等学校附属中学校
⑩立命館中学校
⑪同志社国際中学校
⑫同志社女子中学校（前期日程）
⑬同志社女子中学校（後期日程）

大阪府

①[国立]大阪教育大学附属天王寺中学校
②[国立]大阪教育大学附属平野中学校
③[国立]大阪教育大学附属池田中学校

④[府立]富田林中学校

⑤[府立]咲くやこの花中学校

⑥[府立]水都国際中学校

⑦清風中学校

⑧高槻中学校（A日程）

⑨高槻中学校（B日程）

⑩明星中学校

⑪大阪女学院中学校

⑫大谷中学校

⑬四天王寺中学校

⑭帝塚山学院中学校

⑮大阪国際中学校

⑯大阪桐蔭中学校

⑰開明中学校

⑱関西大学第一中学校

⑲近畿大学附属中学校

⑳金蘭千里中学校

㉑金光八尾中学校

㉒清風南海中学校

㉓帝塚山学院泉ヶ丘中学校

㉔同志社香里中学校

㉕初芝立命館中学校

㉖関西大学中等部

㉗大阪星光学院中学校

兵庫県

①[国立]神戸大学附属中等教育学校

②[県立]兵庫県立大学附属中学校

③雲雀丘学園中学校

④関西学院中学部

⑤神戸女学院中学部

⑥甲陽学院中学校

⑦甲南中学校

⑧甲南女子中学校

⑨灘中学校

⑩親和中学校

⑪神戸海星女子学院中学校

⑫滝川中学校

⑬啓明学院中学校

⑭三田学園中学校

⑮淳心学院中学校

⑯仁川学院中学校

⑰六甲学院中学校

⑱須磨学園中学校(第1回入試)

⑲須磨学園中学校(第2回入試)

⑳須磨学園中学校(第3回入試)

㉑白陵中学校

㉒夙川中学校

奈良県

①[国立]奈良女子大学附属中等教育学校

②[国立]奈良教育大学附属中学校

③[県立]国際中学校
青翔中学校

④[市立]一条高等学校附属中学校

⑤帝塚山中学校

⑥東大寺学園中学校

⑦奈良学園中学校

⑧西大和学園中学校

和歌山県

①[県立]古佐田丘中学校
向陽中学校
桐蔭中学校
日高高等学校附属中学校
田辺中学校

②智辯学園和歌山中学校

③近畿大学附属和歌山中学校

④開智中学校

岡山県

①[県立]岡山操山中学校

②[県立]倉敷天城中学校

③[県立]岡山大安寺中等教育学校

④[県立]津山中学校

⑤岡山中学校

⑥清心中学校

⑦岡山白陵中学校

⑧金光学園中学校

⑨就実中学校

⑩岡山理科大学附属中学校

⑪山陽学園中学校

広島県

①[国立]広島大学附属中学校

②[国立]広島大学附属福山中学校

③[県立]広島中学校

④[県立]三次中学校

⑤[県立]広島叡智学園中学校

⑥[市立]広島中等教育学校

⑦[市立]福山中学校

⑧広島学院中学校

⑨広島女学院中学校

⑩修道中学校

⑪崇徳中学校

⑫比治山女子中学校

⑬福山暁の星女子中学校

⑭安田女子中学校

⑮広島なぎさ中学校

⑯広島城北中学校

⑰近畿大学附属広島中学校福山校

⑱盈進中学校

⑲如水館中学校

⑳ノートルダム清心中学校

㉑銀河学院中学校

㉒近畿大学附属広島中学校東広島校

㉓AICJ中学校

㉔広島国際学院中学校

㉕広島修道大学ひろしま協創中学校

山口県

①[県立]下関中等教育学校
高森みどり中学校

②野田学園中学校

徳島県

①[県立]富岡東中学校
川島中学校
城ノ内中等教育学校

②徳島文理中学校

香川県

①大手前丸亀中学校

②香川誠陵中学校

愛媛県

①[県立]今治東中等教育学校
松山西中等教育学校

②愛光中学校

③済美平成中等教育学校

④新田青雲中等教育学校

高知県

①[県立]安芸中学校
高知国際中学校
中村中学校

福岡県

①[国立]福岡教育大学附属中学校（福岡・小倉・久留米）
②[県立]
- 育徳館中学校
- 門司学園中学校
- 宗像中学校
- 嘉穂高等学校附属中学校
- 輝翔館中等教育学校

③西南学院中学校
④上智福岡中学校
⑤福岡女学院中学校
⑥福岡雙葉中学校
⑦照曜館中学校
⑧筑紫女学園中学校
⑨敬愛中学校
⑩久留米大学附設中学校
⑪飯塚日新館中学校
⑫明治学園中学校
⑬小倉日新館中学校
⑭久留米信愛中学校
⑮中村学園女子中学校
⑯福岡大学附属大濠中学校
⑰筑陽学園中学校
⑱九州国際大学付属中学校
⑲博多女子中学校
⑳東福岡自彊館中学校
㉑八女学院中学校

佐賀県

①[県立]
- 香楠中学校
- 致遠館中学校
- 唐津東中学校
- 武雄青陵中学校

②弘学館中学校
③東明館中学校
④佐賀清和中学校
⑤成穎中学校
⑥早稲田佐賀中学校

長崎県

①[県立]
- 長崎東中学校
- 佐世保北中学校
- 諫早高等学校附属中学校

②青雲中学校
③長崎南山中学校
④長崎日本大学中学校
⑤海星中学校

熊本県

①[県立]
- 玉名高等学校附属中学校
- 宇土中学校
- 八代中学校

②真和中学校
③九州学院中学校
④ルーテル学院中学校
⑤熊本信愛女学院中学校
⑥熊本マリスト学園中学校
⑦熊本学園大学付属中学校

大分県

①[県立]大分豊府中学校
②岩田中学校

宮崎県

①[県立]五ヶ瀬中等教育学校
②[県立]
- 宮崎西高等学校附属中学校
- 都城泉ヶ丘高等学校附属中学校

③宮崎日本大学中学校
④日向学院中学校
⑤宮崎第一中学校

鹿児島県

①[県立]楠隼中学校
②[市立]鹿児島玉龍中学校
③鹿児島修学館中学校
④ラ・サール中学校
⑤志學館中等部

沖縄県

①[県立]
- 与勝緑が丘中学校
- 開邦中学校
- 球陽中学校
- 名護高等学校附属桜中学校

もっと過去問シリーズ

北海道

北嶺中学校
7年分（算数・理科・社会）

静岡県

静岡大学教育学部附属中学校
（静岡・島田・浜松）
10年分（算数）

愛知県

愛知淑徳中学校
7年分（算数・理科・社会）
東海中学校
7年分（算数・理科・社会）
南山中学校男子部
7年分（算数・理科・社会）
南山中学校女子部
7年分（算数・理科・社会）
滝中学校
7年分（算数・理科・社会）
名古屋中学校
7年分（算数・理科・社会）

岡山県

岡山白陵中学校
7年分（算数・理科）

広島県

広島大学附属中学校
7年分（算数・理科・社会）
広島大学附属福山中学校
7年分（算数・理科・社会）
広島学院中学校
7年分（算数・理科・社会）
広島女学院中学校
7年分（算数・理科・社会）
修道中学校
7年分（算数・理科・社会）
ノートルダム清心中学校
7年分（算数・理科・社会）

愛媛県

愛光中学校
7年分（算数・理科・社会）

福岡県

福岡教育大学附属中学校
（福岡・小倉・久留米）
7年分（算数・理科・社会）
西南学院中学校
7年分（算数・理科・社会）
久留米大学附設中学校
7年分（算数・理科・社会）
福岡大学附属大濠中学校
7年分（算数・理科・社会）

佐賀県

早稲田佐賀中学校
7年分（算数・理科・社会）

長崎県

青雲中学校
7年分（算数・理科・社会）

鹿児島県

ラ・サール中学校
7年分（算数・理科・社会）

※もっと過去問シリーズは国語の収録はありません。

教英出版
〒422-8054
静岡県静岡市駿河区南安倍3丁目12－28
TEL 054-288-2131
FAX 054-288-2133
詳しくは教英出版で検索
教英出版 検索
URL https://kyoei-syuppan.net/

令和6年度

奨学生・専願生

入学試験問題

国　　語

（45分）

注意事項

1. 試験開始の合図があるまではこの問題の冊子《さっし》を開いてはいけません。
2. 試験開始の合図があったら問題冊子の中にある解答用紙を取り出し，受験番号を書く欄《らん》に受験番号を記入してください。名前を記入する必要はありません。
3. 答えはすべて丁寧《ていねい》な文字で書いてください。また，漢字で書かなければならないところは漢字で書いてください。
4. 答えはすべて解答用紙に記入してください。

熊本学園大学付属中学校

2024(R6) 熊本学園大学付属中
K 教英出版

一　次の生徒と先生の会話、ならびに資料をよみ、あとの問いに答えなさい。

先　生：今日は、みなさんといっしょにメディアに関する人々の意識について考えていきたいと思います。メディアというのはテレビや新聞、インターネットといった情報を伝える手段のことです。資料1～3を参考にして考えていきましょう。まず、資料1を見てみると、調査対象の全ての年で［　①　］と［　②　］が長い傾向《けいこう》を読み取ることができますね。また、ここ最近では、二年連続で［　①　］が［　②　］を上回っていることが分かります。それ以外に資料を見て気づいたことはありますか。

生徒A：はい。私は、インターネット利用の時間に注目してみました。資料2を見ると、インターネットを利用している時間は、特に20代が長く、それに続いて10代の利用が長いということが分かります。

先　生：その通りですね。資料を見て正確に読み取ることができています。では、テレビ（リアルタイム）視聴《しちょう》の時間はどうなっていますか？

生徒B：［　X　］。

先　生：はい、その通りです。資料2から、そのような傾向が読み取ることができますね。では、続いて資料3を見てみましょう。今まで見てきた資料1・2と併《あわ》せて、どのようなことが分かりますか。Cさんが分かったことを言ってください。

生徒C：［　Y　］。

先　生：よく資料を読み取ることができていますね。どの情報を信頼《しんらい》するかはとても大切なことですね。メディアとの付き合い方をこれからも考え続けていきましょう。

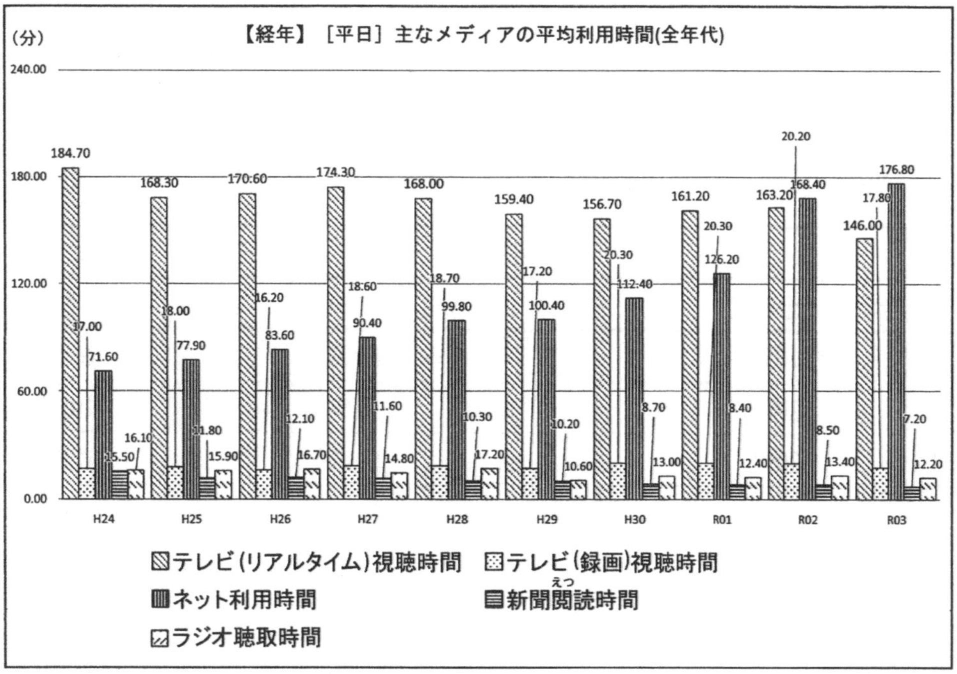

【経年】［平日］主なメディアの平均利用時間(全年代)
(分)
240.00
180.00
120.00
60.00
0.00
184.70
17.00
71.60
15.50
16.10
168.30
18.00
77.90
11.80
15.90
170.60
16.20
83.60
12.10
16.70
174.30
18.60
90.40
11.60
14.80
168.00
18.70
99.80
10.30
17.20
159.40
17.20
100.40
10.20
10.60
156.70
20.30
112.40
8.70
13.00
161.20
20.30
126.20
8.40
12.40
163.20
20.20
168.40
8.50
13.40
146.00
17.80
176.80
7.20
12.20
H24
H25
H26
H27
H28
H29
H30
R01
R02
R03
テレビ(リアルタイム)視聴時間
テレビ(録画)視聴時間
ネット利用時間
新聞閲《えつ》読時間
ラジオ聴取時間

資料１

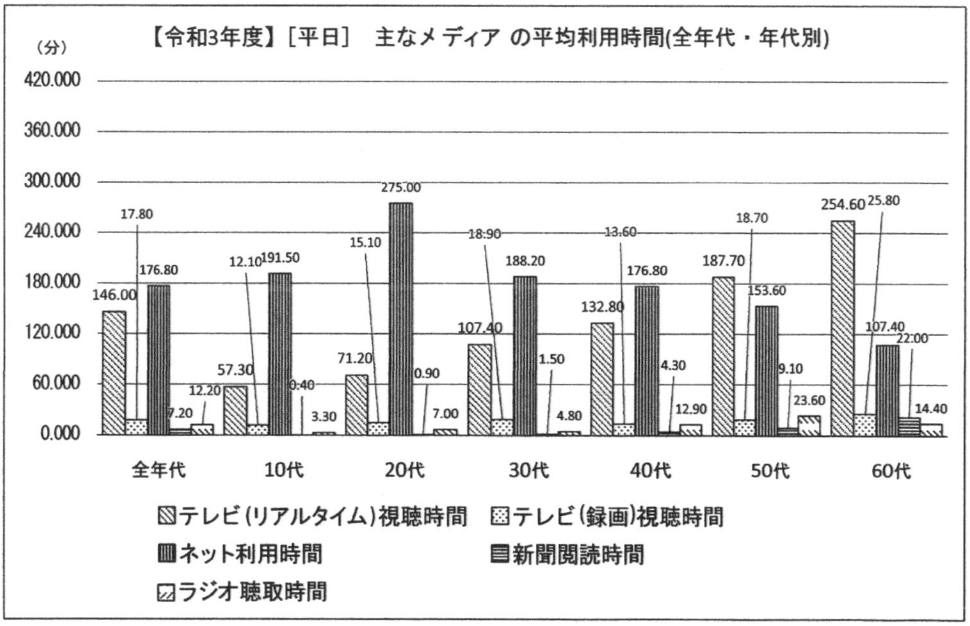

【令和3年度】［平日］ 主なメ ディア の平均利用時間(全年代・年代別)
(分)
420.000
360.000
300.000
240.000
180.000
120.000
60.000
0.000
146.00
17.80
176.80
7.20
12.20
57.30
12.10
191.50
0.40
3.30
71.20
15.10
275.00
0.90
7.00
107.40
18.90
188.20
1.50
4.80
132.80
13.60
176.80
4.30
12.90
187.70
18.70
153.60
9.10
23.60
254.60
25.80
107.40
22.00
14.40
全年代
10代
20代
30代
40代
50代
60代
テレビ(リアルタイム)視聴時間
テレビ(録画)視聴時間
ネット利用時間
新聞閲読時間
ラジオ聴取時間

資料２

【令和3年度】各メディアの信頼度（全年代・年代別・インターネット利用/非利用別）

		テレビ	新聞	インターネット	雑誌
全年代	全年代	60.3%	62.8%	28.2%	16.5%
年代	10代	70.2%	66.0%	31.2%	19.1%
	20代	46.0%	49.3%	25.6%	20.0%
	30代	55.9%	51.4%	25.5%	16.2%
	40代	55.2%	60.8%	30.9%	17.9%
	50代	66.3%	69.4%	31.6%	13.8%
	60代	69.9%	77.2%	24.3%	13.8%

資料３

（資料は全て「令和３年度情報通信メディアの利用時間と情報行動に関する調査」による）

問一　[①]・[②]に入る語句として最も適当なものを次の**ア**～**オ**からそれぞれ選び、記号で答えなさい。

ア　テレビ（リアルタイム）視聴時間　　**イ**　テレビ（録画）視聴時間　　**ウ**　ネット利用時間

エ　新聞閲読時間　　**オ**　ラジオ聴取時間

問二　[X]に入る言葉を考えて、三十字以内で書きなさい。ただし、話し口調でなくてもよいこととします。

問三　[Y]に入る言葉を考えて、六十字以内で書きなさい。ただし、「若年層」という言葉を必ず用いてください。

「若年層」とは10代・20代のことを指します。また、話し口調でなくてもよいこととします。

二

次の文章を読んで、あとの問いに答えなさい。

日本の産業構造は、戦後の※高度経済成長を経て大きく変化しました。終戦直後の日本は、農業従事者が全体の半分近くと最も多く、その後、一九七〇年代から八〇年代にかけては工場などで働く第二次産業従事者が増加した時期もありましたが、令和の日本においては、圧倒的《あっとうてき》にサービス業に従事する人が多くなり、その割合は労働者全体の約四分の三に上ります。

このハイケイａには、みんなが中学校で習ったとおり、高度経済成長期以降の都市への人口の集中、農村の過疎化《かそか》や高齢化《こうれいか》、さらに工場の海外移転に伴《ともな》う※産業の空洞化《くうどうか》や国際分業の進展などがあるわけですが、この産業構造の変化における最大のインパクトは、「物をつくって売る」というほとんど普遍的《ふへんてき》と思われてきた経済の営みｂが急激に衰退《すいたい》したことです。「何もつくらない人たち」が巷《ちまた》に溢《あふ》れかえるようになったのです。

かつての日本は慢性的《まんせいてき》に物が不足していました。空腹を満たすための食べ物だとか、暖を取るための衣服だとか、そういう生きていくのに欠かせない物が十分ではありませんでした。①そのような時代に求められるのは、必要な物をつくって売る商売です。物が足りていないのですから、その厳しい状況《じょうきょう》から脱《だっ》するために物を生産し、それをたくさん買ってもらうことで、物で満たされる状態をつくる努力をしたのです。

こうして、高度経済成長を経て、物で満たされる社会が到来《とうらい》したのですが、そこには大きな罠《わな》が潜《ひそ》んでいました。それは何かといえば、物をどれだけ手に入れても満たされない、そのような心的状態に人々が置かれることで経済が回る仕組みがセットされたことです。このような状況を想像したときに、ゲーマーのあなたは、［Ａ］を思い出すかもしれません。iPhoneユーザーのあなたは、まだスマホがコショウｃしてなくても新しいモデルが出ればそれが欲しくなる現象を思い浮《う》かべるかもしれません。必要な物の種類自体を増やした上で、さらにそれらのモデルチェンジを繰《く》り返すことで、絶え間なく人々の物欲を喚起《かんき》する仕組みが消費社会の軸《じく》に置かれるようになったのです。物で満たされているのに心は満たされない。そんな状況が社会の中で広く作り出されました。

現代は②情報社会と呼ばれ、その意味は教科書で「情報が果たす役割が大きくなる社会」と説明されており、産業面においても物としてのハード以上に情報としてのソフトの方が商品としての価値を持つようになりました。しかし、情報社会の本領はそこにあるのではありません。例えば、インスタ映えを狙《ねら》ってカフェで流行《はや》りのケーキの写真を撮《と》る人たちが求めているのは、ケーキそのものの美味しさ以上に、見栄えのよいケーキの画像を公開してたくさんの「いいね」がつくこと、つまり、自分が買った商品がある一定の効果を発揮し、それが、他者からの承認に繋《つな》がることなのです。このように、人の欲望が「物そのもの」から「物に付随《ふずい》する意味(=情報)」に変化し、それが社会を大きく動かすようになった、そのことを情報社会という言葉は示しています。

しかし問題は、ケーキを食べたらお腹いっぱいになるけれど、③意味を食べてもいつまでも空腹は満たされないことです。だから、わずかな差異をめぐるマウント取り合戦はエンドレスで進行します。こうして、満たされなさを抱《かか》えるおのおのの人生の退屈《たいくつ》が※刹那的《せつなてき》に埋《う》められていくうちに、「何もつくらない人たち」の人生が※消尽《しょうじん》していくのです。

(鳥羽和久《とばかずひさ》『君は君の人生の主役になれ』ちくまプリマー新書による)

※・高度経済成長……一九五五年ごろから一九七三年ごろまで続いた、日本の経済成長。

※・産業の空洞化……地域経済を支える製造業の工場が地域外に移転することで、その地域の産業が衰退《すいたい》する現象。

※・刹那的……とても短い時間であるさま。

※・消尽……すっかり使い尽くすこと。

問一 〰〰a〜cについて、漢字は読みをひらがなで答え、カタカナは漢字に直しなさい。

問二 ［　　］で囲まれた冒頭《ぼうとう》部の内容を表にしたものとして最も適当なものを次のア〜エから選び、記号で答えなさい。

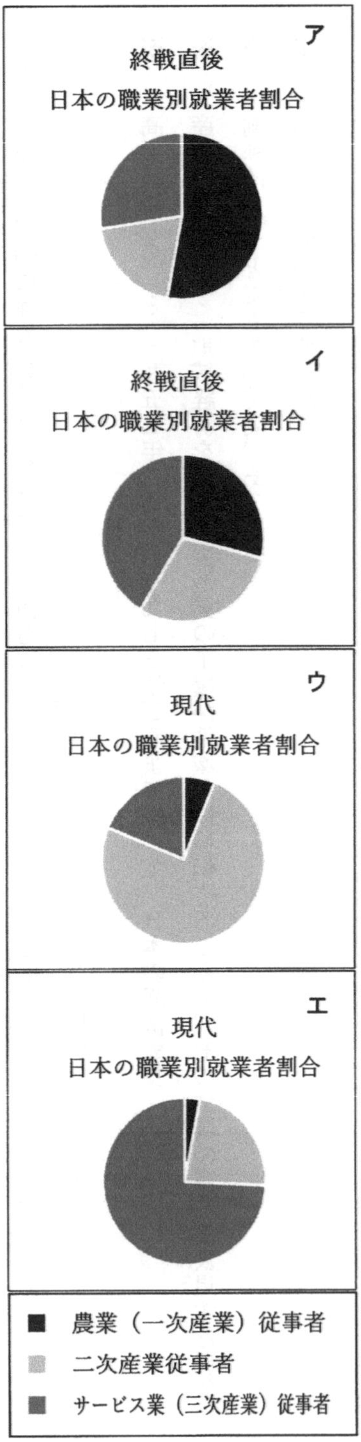

問三 ――①「そのような時代」とはどのような時代ですか。最も適当なものを次のア〜エから選び、記号で答えなさい。

ア 生活に必要な様々な物が金銭的な余裕《よゆう》さえあれば手に入る時代。

イ 「物をつくって売る」という仕事が急激に衰退していった時代。

ウ 物をどれだけ製造しても売れなくなった高度経済成長後の時代。

エ 生活していく上で欠かすことのできない物が不足している時代。

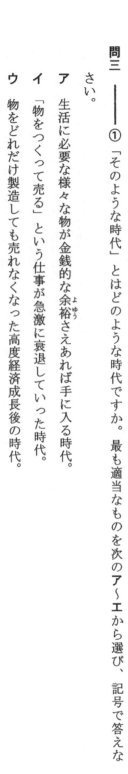

問四　［ **A** ］に入る語句として最も適当なものを次の**ア**～**エ**から選び、記号で答えなさい。

ア　どれだけ課金してレベル上げしても満足することがない葛藤《かっとう》

イ　仲間と協力しながらゲームをクリアすることができた達成感

ウ　ゲームに熱中しすぎて勉強がおろそかになってしまった後悔《こうかい》

エ　ずっと欲しいと思っていたソフトを手に入れたときの満足感

問五　――②「情報社会」とありますが、筆者は「情報社会」となる前と後ではどのような変化があったと考えていますか。六十字以内で説明しなさい。

問六　――③「意味を食べてもいつまでも空腹は満たされない」とありますが、どういうことですか。最も適当なものを次の**ア**～**エ**から選び、記号で答えなさい。

ア　「意味」は食べ物とちがい見たりふれたりできるものではないため、物理的な問題である空腹を満たす際には何の役にも立たず、どれだけ集めても満腹にならないということ。

イ　他者からの承認などの瞬間的《しゅんかんてき》な充実《じゅうじつ》を生み出した「意味」も、より価値の高い他の「意味」と比べられることから逃《のが》れられないため、いつまでたっても満足できないということ。

ウ　他者から認められたいという思いから「意味」を求めるが、その「意味」は友人と自分とのちがいをより強調するものであるため、仲たがいの原因となるということ。

エ　自らの評価を他者にゆだねたまま「意味」を追い求めるため、どれだけ多くの「意味」を手に入れても自分が目指していた評価には、決してたどりつくことがないということ。

三

次の文章を読んで、あとの問いに答えなさい。

高城《たかぎ》（＝おれ）は中学二年生、吹奏楽部《すいそうがくぶ》で部長を務《つと》めています。物事を突《つ》き詰《つ》める性格で、充実した部活動の活動環境を求めて厳《きび》しい改革《かいかく》を進めますが、周囲にも厳しく接するあまり、牧田《まきた》をはじめとする部員達の反発を招いて孤立《こりつ》します。ついには顧問《こもん》教師から部長の信任《しんにん》投票を行うことを言われ、孤立ゆえに部長に再選される可能性が少ないことから失望し、自身も部活動に通わなくなってしまいます。そんな高城の姿を温和《おんわ》な性格で副部長の三熊《みくま》や部員の大久保《おおくぼ》（＝慎吾《しんご》）は心配しますが、高城はうっとうしく感じるばかりです。

午前の授業が終わり、おれは給食当番の仕事で給食を取りにいった。給食室で目についた保温食缶《ほおんしょっかん》を持ちあげ、大股《おおまた》で教室に帰る。

おれのいらだちは限界を越えそうになっていた。なんでもいいから思いきり殴《なぐ》りつけて壊《こわ》してしまいたい。そんな凶暴《きょうぼう》な衝動《しょうどう》をこらえながら保温食缶を運んでいると、となりのクラスの牧田の姿が目に入った。

牧田は給食の配膳《はいぜん》が始まるのを待ちながら、おなじ班のやつと笑顔で話していた。憎悪《ぞうお》をこめた眼差《まなざ》しで牧田をにらみつけながら、おれがとなりの教室の前を通りすぎた、そのときだった。

廊下《ろうか》が急に滑《すべ》って、おれは前のめりに倒《たお》れてしまった。

廊下に落ちた保温食缶が耳障《みみざわ》りな音を立てた。落ちたはずみで蓋《ふた》がはずれ、中身のクリームシチューが大量に床《ゆか》に広がる。

その惨状《さんじょう》を呆然《ぼうぜん》と見つめ、それから足もとに視線を移すと、だれかの落としたプリントがひらひらと揺《ゆ》れていた。

「くそっ！」

おれは悪態《あくたい》をついて保温食缶を殴りつけた。殴った拳《こぶし》がひどく痛んで顔をしかめる。けれど怒りはまったくおさまらなかった。もっと何度も殴りつけてやりたかった。

雑巾《ぞうきん》を手に駆《か》けつけたクラスメイトに、おれは「触《さわ》るな！」と声を荒《あら》げた。そしておびえて動きを止めた相手から雑巾を奪《うば》い取り、押し殺した声でツげる。
「おれのミスだ。おれひとりで片づける」
廊下にこぼれたクリームシチューを、おれは乱暴《らんぼう》にぬぐいはじめた。手伝いに出てきた連中が、ひとりまたひとりと教室に帰っていった。
ほかのクラスの給食当番が、大きくおれのまわりを避《さ》けて通りすぎていった。廊下にはいつくばって掃除《そうじ》を続けていると、おれはひどくみじめな気分になった。くそ、どうしてこんなことになるんだ。どいつもこいつもどうしておれの邪魔《じゃま》ばかりするんだ。おれの邪魔をするな!
おれは再び「くそっ!」と怒鳴《どな》って、力いっぱい廊下をこすった。そのときふいに現れたべつの手が、こぼれたクリームシチューを雑巾でぬぐいだした。はっとして顔を上げると、そこにいたのは三熊だった。
「手を出すなっていってるだろ」
「出すよ。ひとりじゃ時間かかっちゃうでしょ。それに、吹奏楽部の仲間なんだからさ」
気まずそうな笑顔でそういわれて、①おれは言葉をなくしてしまった。おれがぽかんとその顔を見つめていると、三熊が教室のほうを振りかえっていった。
「慎吾、この保温食缶、教室に持っていって配りはじめてくれる?」
教室から顔を出してこちらの様子をうかがっていた大久保が、「わかった!」とこたえて保温食缶を取りにきた。大久保はおれをはげますように笑いかけて、保温食缶を運んでいく。
おれが手を止めているあいだも、三熊はせっせと掃除を続けていた。そんな三熊の姿をながめているうちに、おれは無意識につぶやいていた。
「……どうしておれは、おまえみたいになれないんだろうな」
三熊が驚《おどろ》いた顔でこっちを見た。おれも思いがけない自分の言葉にうろたえていた。
けれどその言葉は、嘘偽《うそいつわ》りのないおれの本心なのかもしれない。おれが三熊のように親切でやさしく、協調性のある人間だったら、いまみたいに部長の責務《せきむ》を放りだして、吹奏楽部を去るようなことにはなっていなかった。きっと理想的な部長として仲間たちに慕《した》われ、目標に向かっていっしょに頑張《がんば》ることができていた。
※木管《もっかん》パートの練習風景を見て、妙《みょう》に胸がざわついたのは、三熊のことがうらやましかったせいなのかもしれない。三熊のようにはなれないことがくやしかったのかもしれない。
②ひそかにうらやんでいたことが恥《は》ずかしくて、おれが廊下を見つめたままでいると、三熊が静かに口を開いた。
「ぼくだって、高城みたいにはなれないよ。ぼくには実力も、みんなを引っ張っていく力もないしさ。それに高城みたいに強くもないから、だれかとぶつかったりするのは苦手なんだ。だから高城の味方をしたくても、みんなに反発されるってわかってると、なかなか勇気が出せなくてそのせいで高城につらい思いをさせちゃってごめん」
「おれの味方なんて無理にすることないだろ。おまえはおれの方針《ほうしん》に反対なんだから」
視線《しせん》をそらしてこたえると、すぐに三熊が「そうじゃないよ！」といいかえしてきた。
「たしかに、高城はいっきに部の改革を進めようとするから、それには反対したけど、ぼくも吹奏楽部の空気を変えて、もうちょっと真面目《まじめ》に練習がしたいとは思ってたんだ。夏のコンクールの結果もくやしかったし、単純《たんじゅん》にもっといい演奏《えんそう》ができるようになりたいから。ほかのみんなの反応が心配で、高城に協力するどころか、邪魔ばっかりしちゃってたけど……」
「おまえが、おれとおなじ気持ちだったっていうのか？」
耳を疑っているおれに、三熊がBおずおずとうなずいてみせた。そしてまっすぐおれを見つめて言葉を続ける。
「すこしずつ、変えていこうよ。すぐには無理だと思うけど、これからはぼくもちゃんと協力するから」
三熊の眼差《まなざ》しから、③強い意志が伝わってくるのを感じた。今朝、小宮山に言葉をかけられたときのように、bハナで笑うことはできなかった。目頭が急に熱くなって、おれはゆがんだ顔を三熊に見られないようにうつむいた。
三熊が「これでもう平気かな」といって立ちあがった。途中からほとんど三熊ひとりに掃除をさせてしまっていた。三熊のあとについて教室にもどる途中《とちゅう》、おれはその大きな背中に、「三熊」と声をかけた。
「悪かった。ありがとう」
三熊が目を丸くして振《ふ》りかえり、おおらかな笑顔を見せた。
教室にもどると、おれの席にはすでに給食が運んであった。量がcへったのはおれのせいだから、責任を取ってクリームシチューは遠慮するつもりだったのに、その器もしっかりトレイに載っていた。器に入っているクリームシチューの量は、普段《だん》の半分もなかった。

　食事が始まったあと、おれはそのクリームシチューを食べながら、※小学校時代のことを思いだしていた。いやがらせでほんのわずかしかよそってもらえなかったクリームシチューは、怒りで味がわからなかった。④けれどきょうのクリームシチューの味は、いつもよりやけにあまく、そして温かく感じられた。

　給食の器から顔を上げると、となりの班の三熊と目が合った。すこしずつ、変えていこうよ。三熊の声が頭の中で響《ひび》いた。おそらくおれが部長を続けることはできないだろう。それでも三熊と協力して、すこしずつ頑張ってみよう。※あのときおれが感動したような素晴らしい演奏を、吹奏楽部のみんなといっしょにできるように。

　Cはにかむ三熊にぎこちなく笑みをかえして、おれは残りわずかなクリームシチューを大切に味わった。

（如月《きさらぎ》かずさ『給食アンサンブル２』光村図書出版による）

※　木管パート……木管楽器のグループ。三熊がリーダーを務めている。

※　小学生時代のこと……高城は小学校時代、児童会の中で対立した生徒に、給食でクリームシチューをわざと少なく配《はい》膳《ぜん》されるという経験があった。

※　あのときおれが感動したような素晴らしい演奏……高城が吹奏楽を始めるきっかけになった、小学六年生時に聴《き》いた高校の吹奏楽部のコンサートのこと。

問一　〰〰ａ～ｃのカタカナを漢字に直しなさい。

問二　＝＝Ａ～Ｃの意味として最も適当なものを次の**ア**～**エ**の中からそれぞれ選び、記号で答えなさい。

Ａ　うろたえていた　**ア**　おじけづいていた　**イ**　はずかしがっていた　**ウ**　うっとりしていた　**エ**　あわてていた

Ｂ　おずおずと　**ア**　おそれながら　**イ**　静かに　**ウ**　くりかえし　**エ**　むりやり

Ｃ　はにかむ　**ア**　かみしめる　**イ**　困り果てる　**ウ**　はずかしがる　**エ**　得意になる

問三 ——①「おれは言葉をなくしてしまった」とありますが、この時の高城の気持ちとして最も適当なものを次の**ア**～**エ**から選び、記号で答えなさい。

ア 吹奏楽部に自分の仲間は一人もいないと思っていたので意外に思っている。

イ 厳しい言葉に対しても笑顔で応えた相手の心の広さがしゃくにさわっている。

ウ 複数人での作業が効率的だという正論に言い返せず腹立たしく思っている。

エ 誰からも手助けなど必要ないと考えているのでうっとうしく感じている。

問四 ——②「ひそかにうらやんでいたこと」とありますが、このことを説明した次の文の（　　）にあてはまる言葉を、本文から十五字以内で抜《ぬ》き出して答えなさい。

自分が三熊とは違《ちが》って（　　　　）人物ではなく、そうした人物である三熊がうらやましいということ。

問五 ——③「強い意志」とありますが、それは具体的にはどのようなことですか。最も適当なものを次の**ア**～**エ**から選び、記号で答えなさい。

ア 急速な部の改革を進める高城の取り組みの廃止《はいし》を、徐々《じょじょ》に実行していこうとする気持ち。

イ 今後は部の雰囲気《ふんいき》を少しずつでも変えていくために、高城を助けていこうとする気持ち。

ウ 自分の目指す部の雰囲気を高城に理解してもらうために、発言していこうとする気持ち。

エ 高城の本当の気持ちを理解してもらうために、一人ずつ部員を説得しようとする気持ち。

問六 ——④「きょうのクリームシチューの味は、いつもよりやけにあまく、そして温かく感じられた」とありますが、これはどういうことを表していますか。最も適当なものを次の**ア**～**エ**から選び、記号で答えなさい。

ア 周囲の自分に対する思いやりを受け止めることができ、高城の心が満たされているということ。

イ 吹奏楽を頑張りたいと決意した小学生時代の思い出が、高城を前向きにさせているということ。

ウ 三熊が自分の部の運営方針に反対ではなかったことに、高城が心強く思っているということ。

エ 部を改革する主導権がいまだ自分の手中にあることに、高城が手応えを感じているということ。

四

次の――のカタカナを漢字に直しなさい。

① 大臣をジショクする。
② 異論をトナえる。
③ 結果をスイソクする。
④ 気持ちをフルい立たせる。
⑤ 災害からフッコウする。
⑥ 道にマヨう。
⑦ 事件のミナモトを調べる。
⑧ 気になるソンザイ。
⑨ ユウエキな情報を得る。
⑩ ミズウミの表面が凍《こお》る。

令和6年度

奨学生・専願生

入 学 試 験 問 題

算　　数

（45分）

注意事項

1.　試験開始の合図があるまではこの問題の冊子《さっし》を開いてはいけません。

2.　試験開始の合図があったら問題冊子の中にある解答用紙を取り出し，受験番号を書く欄《らん》に受験番号を記入してください。名前を記入する必要はありません。

3.　定規とコンパスの使用は認《みと》めますが，分度器つき定規・分度器つきコンパスの使用はできません。

4.　分数については約分できるものは約分し，比については最も簡単な整数の比で答えてください。

5.　答えはすべて解答用紙に記入してください。

熊本学園大学付属中学校

1 次の□にあてはまる数を，それぞれ答えなさい。

(1) $0.3 \times 0.21 = \square$

(2) $5 \div 3 \times 11 \div \dfrac{15}{7} = \square$

(3) $14 - 0.4 \times 3 = \square$

(4) $\dfrac{1}{2} + \dfrac{2}{3} - \left(\dfrac{1}{2} + \dfrac{3}{10}\right) = \square$

(5) $7 \times 6 \times 5 \times 4 - 6 \times 5 \times 4 \times 3 + 5 \times 4 \times 3 \times 2 = \square$

(6) $\left(\dfrac{4}{5} \times 2.5 - 0.5 \div \dfrac{5}{2}\right) \div \dfrac{2}{3} = \square$

(7) $123 - (1414 - 213 \times 2) \div 19 \div 13 = \square$

(8) $\dfrac{3}{2} + \left(7.2 - \square\right) = 2.8$

K 教英出版

2 次の各問いに答えなさい。

(1) 1716 分だけ時間が過ぎると何日何時間何分だけ時間が過ぎるか答えなさい。

(2) 600 円の本を買ったところ，所持金が 2 割減りました。本を買う前の所持金を求めなさい。

(3) 1 から 50 までの整数の中で，2 でも 7 でも割りきれない整数は何個あるか求めなさい。

(4) ある数から 10 を引いて 3 倍した数に 10 を足すと 67 になります。もとの数を求めなさい。

(5) 家から 1.2 km はなれた駅まで，はじめの 12 分は分速 75 m で歩き，残りの道のりを分速 150 m で走りました。走った時間は何分になるか求めなさい。

(6) 赤玉，白玉，青玉が数個ずつあります。赤玉の個数は青玉の個数の 2 倍であり，白玉と青玉の個数の和は 3 色の玉の個数の合計の 3 分の 2 です。白玉の個数は青玉の個数の何倍か求めなさい。

3　先生と学さんと園子さんの３人が，【図１】と【図２】のように規則的に並べられた数字について話しています。会話文を読み，次の各問いに答えなさい。

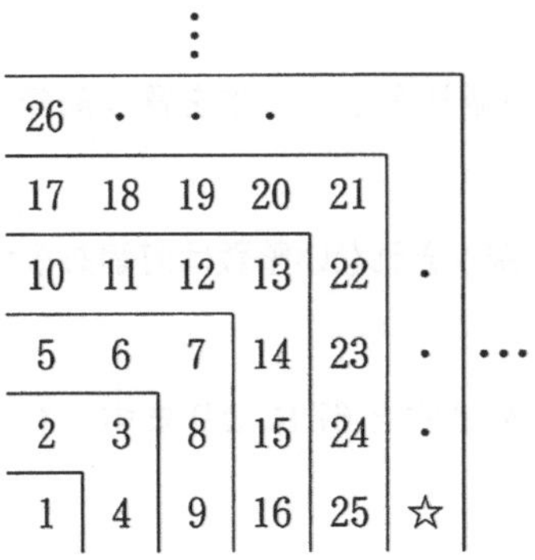

【図１】

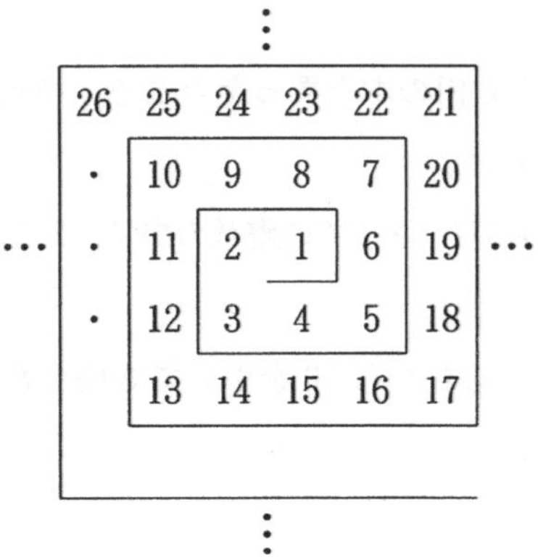

【図２】

学さん：【図１】の１番下の段を見ると，左から1，4，9，16，25という数字が並んでいるね。1×1=1，2×2=4，3×3=9，4×4=16，5×5=25だから☆印には，6×6=36で「36」が入りそうな気がするな。

園子さん：☆印のところまでに「タテ６列×ヨコ６段＝36個」の数字が並ぶから，きっとそうなるよ。

先生：いいところに気がついたね。【図２】でも，例えば１～９までの数字を四角で囲むとその中に「タテ３列×ヨコ３段＝９個」の数字が入っているね。

学さん：【図１】と同じように1，4，9，16……がどこにあるかに注目すると，どこに何の数字が入るのか考えやすそうだね。

⑴　【図１】の下から７番目の段の左から３番目に入る数字を求めなさい。

⑵　【図１】で「95」は下から何番目の段の左から何番目に入るか求めなさい。

⑶　【図２】で「１」より５つ上の段で「１」の真上に入る数字を求めなさい。

2024(R6) 熊本学園大学付属中
教英出版

4 学さんは放課後，学校から一定の速さで歩いて図書館に向かいました。園子さんは，学さんに忘れ物を届けようと午後 4 時に学校を出発し，学さんと同じ道を通って追いかけました。園子さんは，学校を出発してから 5 分間走り，学校から 700 m はなれた P 地点に着きました。園子さんは，P 地点から Q 地点まで分速 90 m で 10 分間歩き，Q 地点から分速 200 m で 7 分間走り，図書館に着く前に学さんに追いつきました。学さんが Q 地点に着いたのは，園子さんが学校を出発する 6 分前でした。次の各問いに答えなさい。

(1) 園子さんは学校から何 m はなれた地点で学さんに追いついたか求めなさい。

(2) 学さんの歩く速さを求めなさい。

(3) 学さんが学校を出発した時刻は午後何時何分か求めなさい。

5 次の各問いに答えなさい。ただし，円周率は3.14とします。

(1) 右の図において，点Oは半円の中心で，三角形AOBは正三角形です。
角 x の大きさを求めなさい。

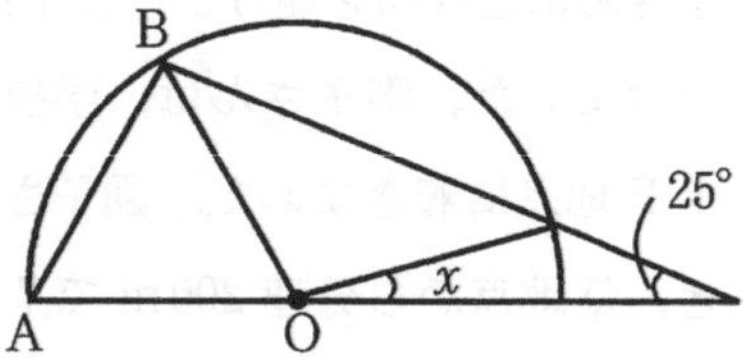

(2) 右の図において，四角形ABCDは台形です。
x の値を求めなさい。

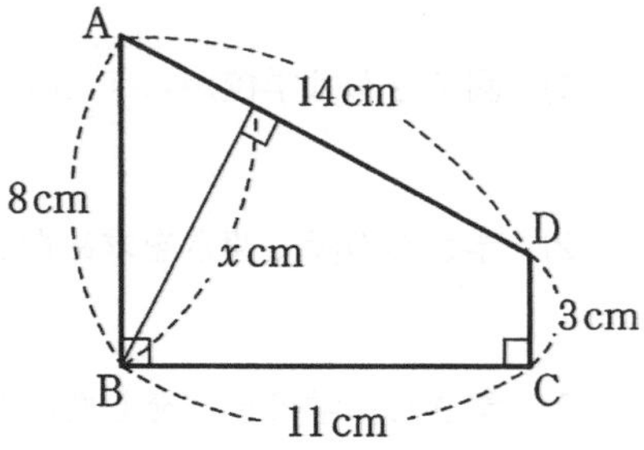

(3) 右の図において，四角形ABCDは長方形です。この長方形を辺CDを軸として回転させてできる円柱の体積Pcm^3と，辺BCを軸として回転させてできる円柱の体積Qcm^3としたとき，PとQの比を求めなさい。

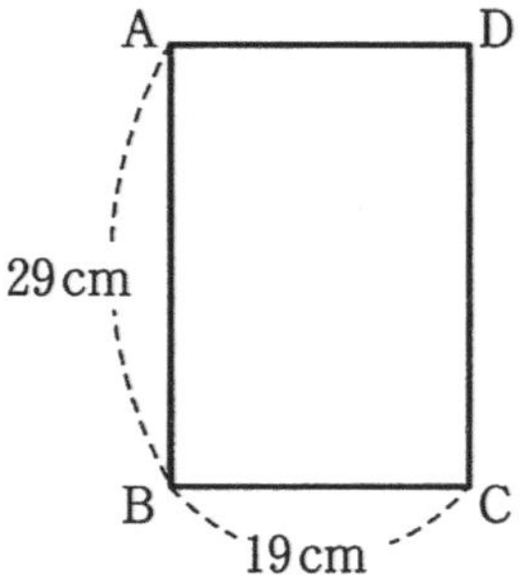

(4) 1辺の長さが2cmの正三角形PQRがあります。
この正三角形が右の図のように1辺の長さが2cmの正方形ABCDの内側を矢印の方向にすべることなく回転し，となりの辺へ動きます。辺PQが辺ABと重なった状態から動き始め，再び正三角形の1つの辺が辺ABと重なるまで動いたとき，点Rの動く長さを求めなさい。

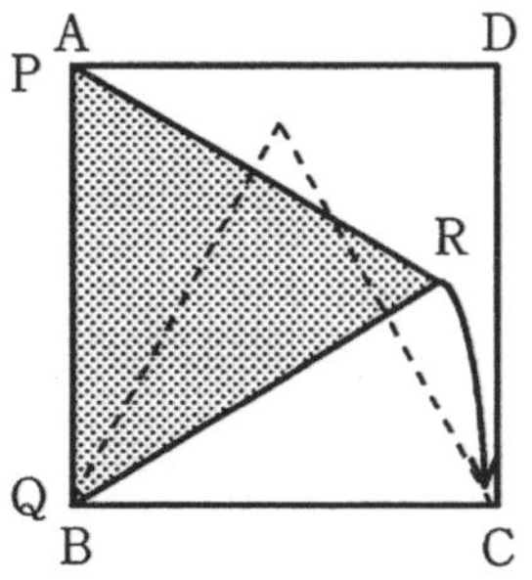

令和6年度

奨学生・専願生

入 学 試 験 問 題

理　　科

（35分）

注意事項

1. 試験開始の合図があるまではこの問題の冊子《さっし》を開いてはいけません。

2. 試験開始の合図があったら問題冊子の中にある解答用紙を取り出し，受験番号を書く欄《らん》に受験番号を記入してください。名前を記入する必要はありません。

3. 定規とコンパスの使用は認《みと》めますが，分度器つき定規・分度器つきコンパスの使用はできません。

4. 漢字で書かなければならないところは漢字で書いてください。誤字・あて字・かな書きは正解とは認めません。

5. 答えはすべて解答用紙に記入してください。

熊本学園大学付属中学校

1 次の会話文を読み，下の各問いに答えなさい。

図

みなみさんと富次郎さんは，理科の授業で学校の中庭にある植物を観察してスケッチしていました。

みなみ：あっ！こんな所にペンペングサが生えている（**図**）。三角形の葉がかわいいなぁ。

富次郎：みなみさん，それは葉ではないよ。

みなみ：そうなの？てっきり葉だと思っていたな。

富次郎：それは葉ではなくて，（　①　）なんだよ。ペンペングサは春の七草の（　②　）のことで，七草がゆに入れて食べることもできたり，薬にも使われているんだよ。

みなみ：さすが富次郎さん！植物のことをよく知ってるのね。ペンペングサをよく見たら，茎《くき》の根元にギザギザの葉がついていたよ。忘れずにスケッチしておこう。

富次郎：学校の中庭にある植物はほとんどわかるんだ。時間を見つけては植物標本をつくっていたからね。植物には様々な昆虫もやってくるから，観察しているとたくさんの発見があって面白いよ。

みなみ：それ知ってる！③昆虫が植物の花粉を運んでくれるんだよね。植物の大切なパートナーのような存在だと思うな。

富次郎：その通り！④スイカの温室栽培《さいばい》では，ミツバチを放している農家さんがいるという話を聞いたよ。植物だけじゃなく昆虫にも興味《きょうみ》がわいてきた！⑤昆虫のスケッチもやってみよう。

(1)（　①　）に当てはまる言葉を答えなさい。

(2)（　②　）に当てはまる植物名を答え，（　②　）以外の春の七草に当てはまる植物名を次の**ア**～**カ**からすべて選び，記号で答えなさい。

ア　ダイコン
イ　カブ
ウ　ホウレンソウ
エ　キャベツ
オ　セリ
カ　ニンジン

2024(R6) 熊本学園大学付属中
K 教英出版

(3) 観察したものをスケッチする方法について正しく説明しているものを，次の**ア**～**オ**から２つ選び，記号で答えなさい。

ア　先の細い鉛筆を使って，かげをつけて，立体的に表す。

イ　先の細い鉛筆を使って，かげをつけずに細部をはっきりと表す。

ウ　見えているものすべてをできるだけ細かく表す。

エ　目的とするものだけを対象にして正確に表す。

オ　色の濃いところは鉛筆でぬりつぶす。

(4) 下線部 ③ のような花を虫ばい花といいます。下の **a** ～ **f** の花の特徴《とくちょう》で，虫ばい花の特徴として考えられるものの組み合わせを，次の**ア**～**オ**から１つ選び，記号で答えなさい。

a	においを出す。	b	においを出さない。
c	軽くてかわいた花粉をもつ。	d	軽くてねばり気のある花粉をもつ。
e	花びらやがくが大きい。	f	花びらやがくが小さい。

ア　a，c，e

イ　b，c，f

ウ　a，d，e

エ　b，c，e

オ　a，c，f

(5) 下線部 ④ で，ミツバチを放している理由を，「受粉」，「めしべ」という語句を使って説明しなさい。

(6) 下線部 ⑤ のからだのつくりには共通した特徴があります。次の文はその特徴を簡単にまとめたものです。（　A　）～（　E　）に当てはまる言葉や数字を答えなさい。

昆虫のからだのつくりは頭，（　A　），（　B　）の３つの部分に分かれています。頭には眼のほかに,さまざまな刺激《しげき》を受けとる２本の（　C　）があります。（　A　）には（　D　）対《つい》のあしがあり，一般的に（　E　）枚のはねがあります。

2 次の各問いに答えなさい。

図 1 のように，200g まではかることができるばねばかりを用いて，立方体のおもりの重さをはかる実験を行いました。

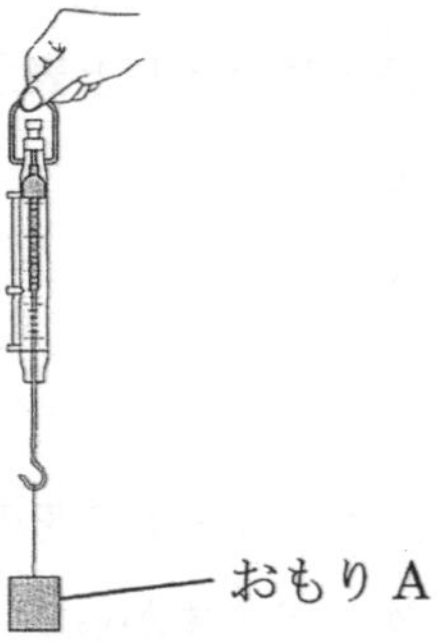

図 1

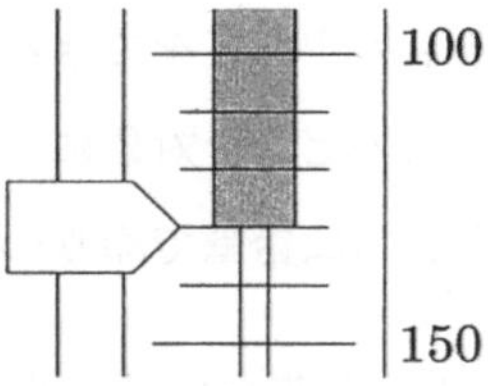

図 2

(1) おもり A の重さをばねばかりではかったところ，目《め》盛《も》りは**図 2** のようになりました。おもり A の重さを答えなさい。

(2) **図 3** のように，ばねばかりを矢印の向きにおろしていき，おもり A を水の中に半分だけしずめました（**図 4**）。すると，ばねばかりの目盛りは**図 5** のようになりました。このことについて述べた次の文中の（ ① ）～（ ③ ）にあてはまる言葉や数値を答えなさい。

図 4 のばねばかりの値が，おもり A の重さの値よりも（ ① ）のは，おもり A に，水から（ ② ）向きの力がはたらいているからであり，その力の大きさは，（ ③ ）g のおもりの重さと同じである。

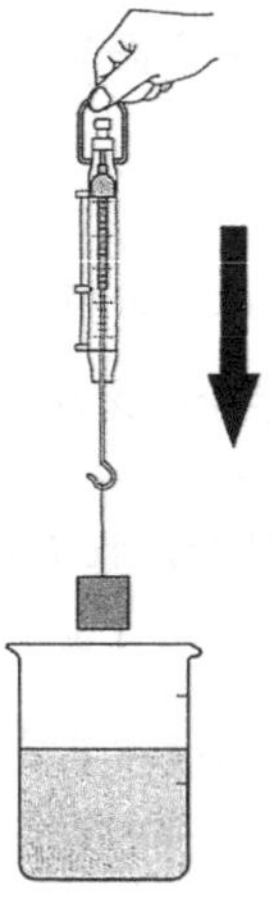

図 3

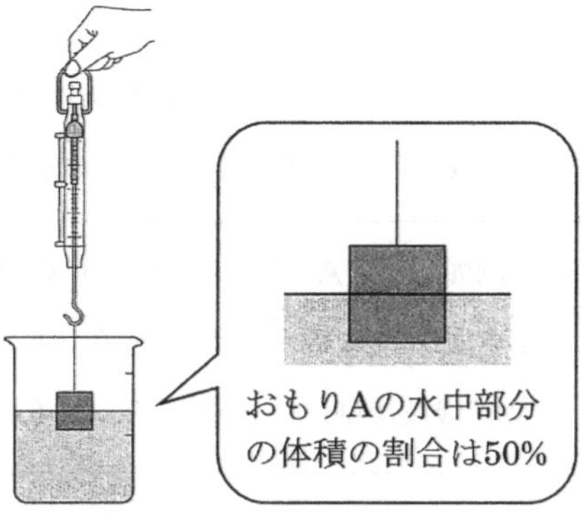

図 4

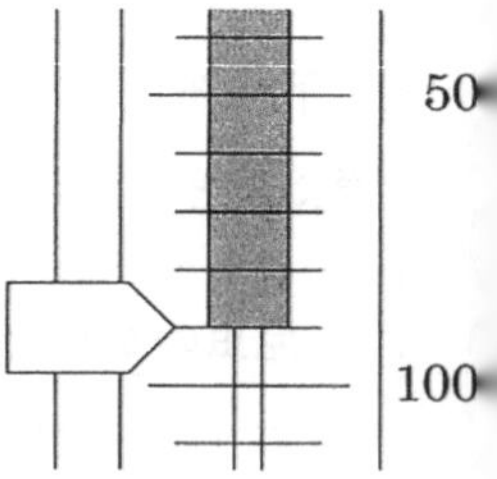

図 5

ばねばかりをおろす距離《きょり》をかえて，おもりＡの水中部分の体積とそのときのばねばかりの値の関係を調べたところ，結果は**表１**のようになりました。ただし，**表１**では，おもりＡの水中部分の体積の割合は，おもりＡ全体の体積に対する水中にしずんでいる部分の体積を表しています。

表１

おもりＡの水中部分の体積の割合〔%〕	25	30	40	50	60	（ Ｘ ）	100
ばねばかりの値〔g〕	110	106	98	90	82	70	（ Ｙ ）

(3) **表１**の（　Ｘ　），（　Ｙ　）にあてはまる数値をそれぞれ答えなさい。

次に，おもりＡと同じ体積で重さのちがうおもりＢを用意し，**図６**のように，おもりＢの水中部分の体積とそのときのばねばかりの値の関係を調べたところ，結果は**表２**のようになりました。ただし，**表２**では，おもりＢの水中部分の体積の割合は，おもりＢ全体の体積に対する水中にしずんでいる部分の体積を表しています。

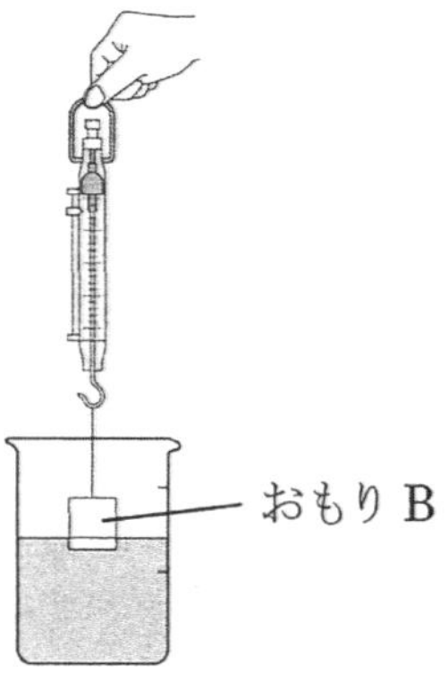

図６

表２

おもりＢの水中部分の体積の割合〔%〕	25	30	40	50
ばねばかりの値〔g〕	（ Ｚ ）	16	8	0

(4) **表２**の（　Ｚ　）にあてはまる数値を答えなさい。

(5) **図７**のように，おもりＢの上におもりＡをのせるとき，おもりＡとおもりＢはどのようになりますか。最も適当なものを，次の**ア**～**エ**から１つ選び，記号で答えなさい。

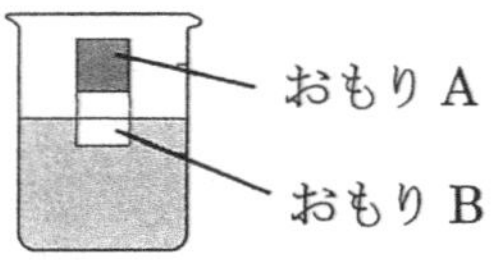

図７

ア　　**イ**　　**ウ**　　**エ**

3

図1は，４月のある日の日本付近の天気図です。この日の熊本の天気は，くもりのち雨で，数日雨が降り続いた後，天気は回復して晴れました。天気図に見られる低気圧は，温帯低気圧といい，冷たい空気と暖かい空気がふれあうところにできる前線（▼▼▼▼　●●●●）を伴うという特徴があります。次の各問いに答えなさい。

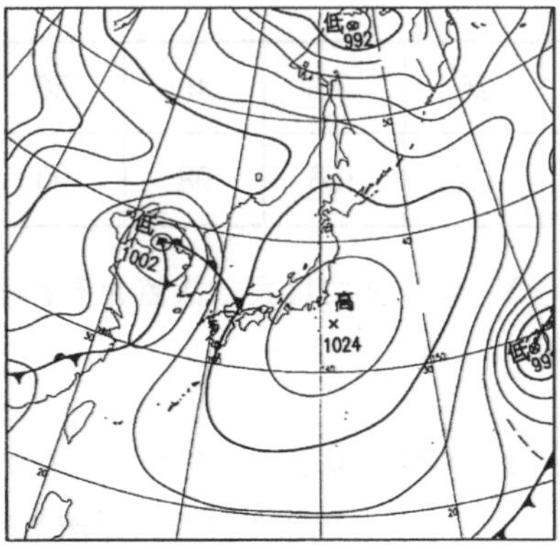

図1

(1) 「晴れ」と「くもり」の天気を決めるのは，空全体（全天）を10としたときの空に占める雲の割合です。「くもり」と決められるのは，空全体に対する雲の割合が何割以上のときですか。

(2) 雲は，形や高さの違いで10種類に分けられます。**図2**のような，高い空に見られ，うろこ雲と呼ばれる，丸くて小さな白い雲を何といいますか。次の**ア**～**オ**から１つ選び，記号で答えなさい。

図2

ア　巻雲　　**イ**　巻積雲　　**ウ**　高積雲
エ　巻層雲　　**オ**　高層雲

(3) 次の文は，雨を降らせる雲について述べたものです。文中の（　①　），（　②　）にあてはまる雲の名前を書きなさい。

> 雨を降らせる雲には，（　①　）や（　②　）があります。（　①　）は，弱い雨を広い地域に長い時間降らせ，雨雲とも呼ばれる雲で，（　②　）は，範囲は広くないが，強い雨を短い時間降らせる雲です。

教英出版

(4) **図3**は，**図1**の天気図と同じ日の雲画像です。雲画像は，気象衛星から送られてくるデータをもとにつくられます。この気象衛星の名前を何といいますか。

図3

(5) 次の図は，**図1**の天気図から連続した4日間の天気図です。ある日の天気図（**図1**）から順に並べ替え，記号で答えなさい。

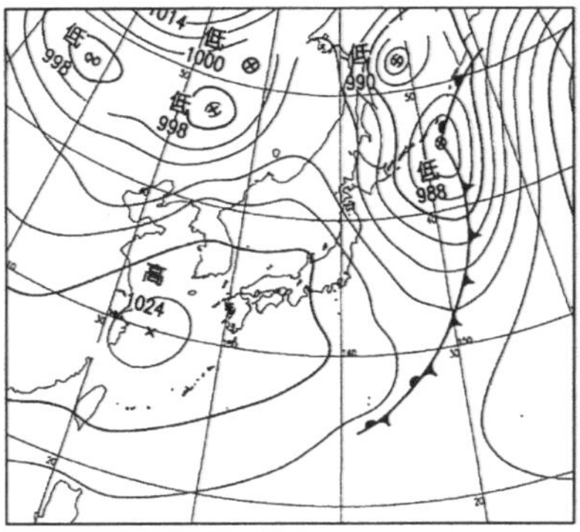

ア

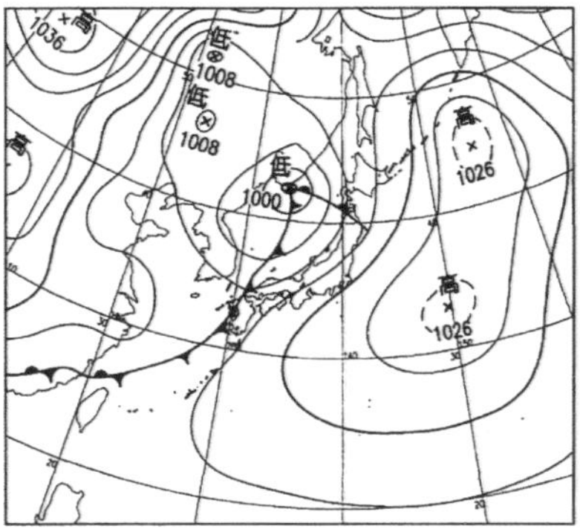

イ

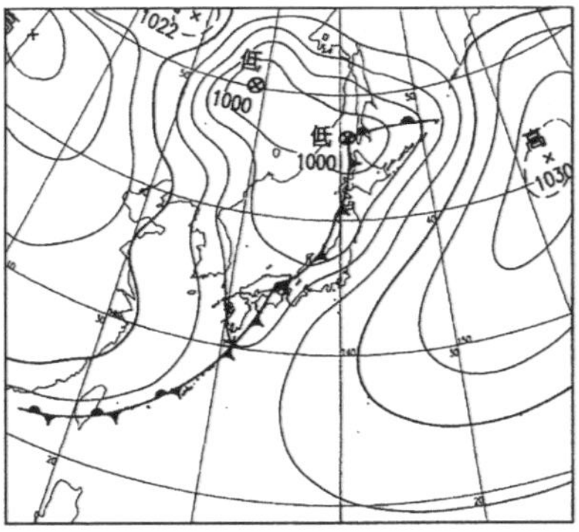

ウ

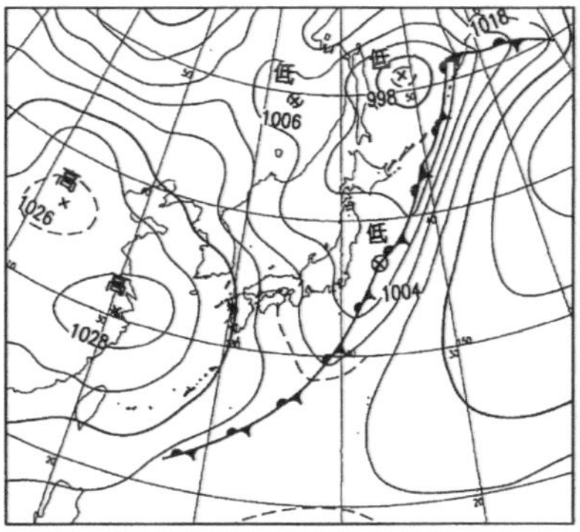

エ

(6) 次の文は，昔から行われている天気の予想について述べたものです。文中の（　①　）～（　④　）にあてはまる言葉を，下の**ア**～**キ**からそれぞれ選び，記号で答えなさい。

日本では昔から，雲や空の様子など様々な自然現象から天気を予想してきました。今でも，「夕焼けが見えるときは，明日は（　①　）」，「朝焼けが見えるときは，明日は（　②　）」といわれています。これは，天気が，（　③　）から（　④　）に移り変わることが多いためです。

ア 晴れ　**イ** くもり　**ウ** 雨　**エ** 北　**オ** 南　**カ** 東　**キ** 西

2024(R6) 熊本学園大学付属中
K 教英出版

4 次の会話文は，理科の実験を行うために水よう液の準備をしていた先生と，その手伝いをしていた学さんと園子さんの会話です。下の各問いに答えなさい。

先生：明日の実験では，塩酸，食塩水，水酸化ナトリウム水よう液を使いますから，準備をしましょう。

学　：先生。3つのびんはどれも，びんに入っている水よう液が何か，わからなくなっています。はってあるラベルの字が読めないびんや，ラベルがはがれてしまったびんばかりです。どうしたらいいでしょうか？

先生：びんから試験管に水よう液を注ぐときに液だれをしてしまい，ラベルをよごしてしまったのかもしれませんね。このたなに保管してあったびんなので，3つのびんに入っている水よう液は，塩酸，食塩水，水酸化ナトリウム水よう液のどれかに，ちがいないのですが。

園子：先生。びんに入っている水よう液が何か，実験で調べることはできませんか？

先生：そうですね。では，これまでに学習したことをもとに，考えてみましょう。どのような方法だと，びんに入っている水よう液を調べることができるかな？実験の計画を立ててみましょう。

学　：びんの区別ができるように，びんにA，B，Cとラベルをはってもいいですか？

先生：良い考えですね。A，B，Cのラベルをはりましょう。

園子：私は，青色リトマス紙とフェノールフタレイン液を使って，実験をします。

学　：私は，赤色リトマス紙と鉄粉を使って，実験をします。

先生：二人とも，どのような結果になるかも予測して，実験をしてみましょうね。では，先生はアルミニウムはくと蒸発皿とガスコンロを使って，実験をしますね。

園子：どんな結果が出るか，楽しみですね。

(1) 会話文の下線部について，液だれでラベルをよごさないようにするためには，水よう液が入ったびんをどのように持つべきですか。最も適当なものを次の**ア**～**ウ**から1つ選び，記号で答えなさい。

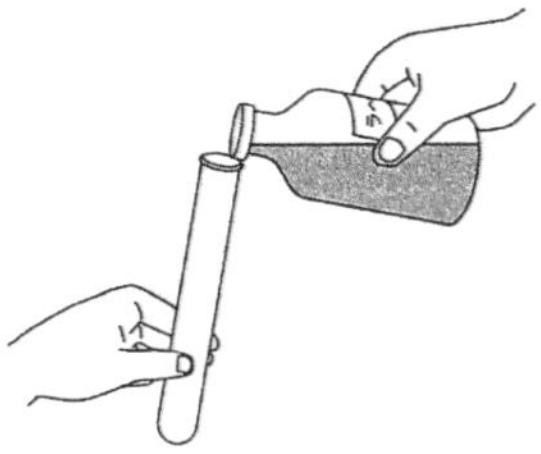

ア

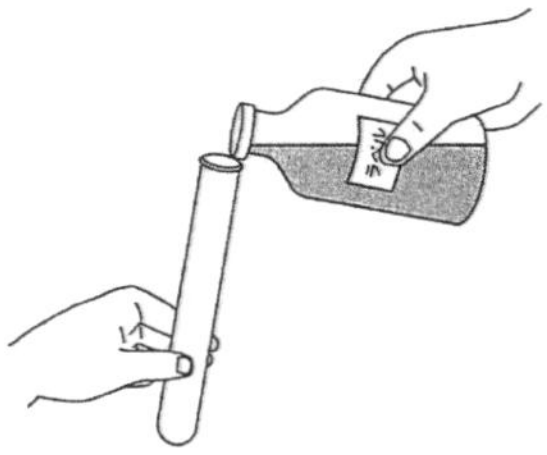

イ

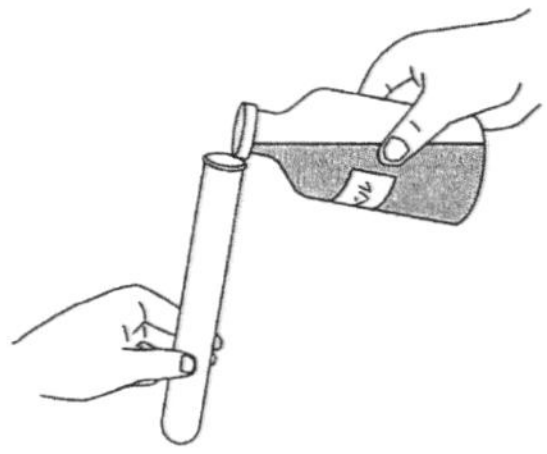

ウ

園子さんは実験をはじめる前に，塩酸，食塩水，水酸化ナトリウム水よう液について，それぞれを青色リトマス紙につけたときの変化や，それぞれにフェノールフタレイン液を加えたときの変化を調べて，**表1**にまとめました。

表1

水よう液	塩酸	食塩水	水酸化ナトリウム水よう液
青色リトマス紙につけたときの変化	**ア**　赤色に変わる	**イ**　変化なし	**ウ**　変化なし
フェノールフタレイン液を加えたときの変化	**エ**　変化なし	**オ**　変化なし	**カ**　黄色に変わる

(2) **表1**の中で**まちがっているもの**を**ア**～**カ**から1つ選び，記号で答えなさい。

学さんは次の**実験1**，**2**を行い，結果を**表2**にまとめました。

実験1：A，B，Cの水よう液をそれぞれ赤色リトマス紙につけて，赤色リトマス紙の色の変化を確認する。

実験2：A，B，Cの水よう液それぞれに鉄粉を加えたとき，水よう液と鉄粉が反応するかどうか確認する。

表2

水よう液	A	B	C
実験1の結果	変化なし	青色に変わった	変化なし
実験2の結果	反応しなかった	反応しなかった	反応してあわが出た

(3) A，B，Cの水よう液を正しく表している組み合わせを，次の**ア**～**カ**から1つ選び，記号で答えなさい。

	A	B	C
ア	塩酸	食塩水	水酸化ナトリウム水よう液
イ	塩酸	水酸化ナトリウム水よう液	食塩水
ウ	食塩水	塩酸	水酸化ナトリウム水よう液
エ	食塩水	水酸化ナトリウム水よう液	塩酸
オ	水酸化ナトリウム水よう液	塩酸	食塩水
カ	水酸化ナトリウム水よう液	食塩水	塩酸

先生は次の**実験3**をして，結果を**表3**にまとめました。

実験3：A，B，Cの水よう液それぞれにアルミニウムはくを加えたとき，水よう液とアルミニウムはくが反応するかどうか確認する。

表3

水よう液	A	B	C
実験3の結果	①	②	③

(4) **表3**の ①～③ にあてはまる内容は，次の**ア**，**イ**のどちらですか。それぞれ1つずつ選び，記号で答えなさい。ただし，同じ記号を何度選んでもかまいません。

ア 反応してあわが出た。

イ 反応しなかった。

先生は次の**実験4**を行い，結果を**表4**にまとめました。

実験4：A，B，Cの水よう液をそれぞれ蒸発皿に取り，ガスコンロで水を蒸発させて，蒸発皿に残る物質があるか確認する。

表4

水よう液	A	B	C
実験4の結果	①	②	③

(5) **表4**の ①～③ にあてはまる内容は，次の**ア**～**ウ**のどれですか。それぞれ1つずつ選び，記号で答えなさい。ただし，同じ記号を何度選んでもかまいません。

ア 白い物質が残った。

イ 黒い物質が残った。

ウ 何も残らなかった。

令和6年度

奨学生・専願生

入 学 試 験 問 題

社　　会

(35分)

注意事項

1.　試験開始の合図があるまではこの問題の冊子《さっし》を開いてはいけません。

2.　試験開始の合図があったら問題冊子の中にある解答用紙を取り出し，受験番号を書く欄《らん》に受験番号を記入してください。名前を記入する必要はありません。

3.　漢字で書かなければならないところは漢字で書いてください。誤字・あて字・かな書きは正解とは認《みと》めません。

4.　答えはすべて解答用紙に記入してください。

熊本学園大学付属中学校

1 次の各問いに答えなさい。

1　次の**図1**を見て，あとの問いに答えなさい。

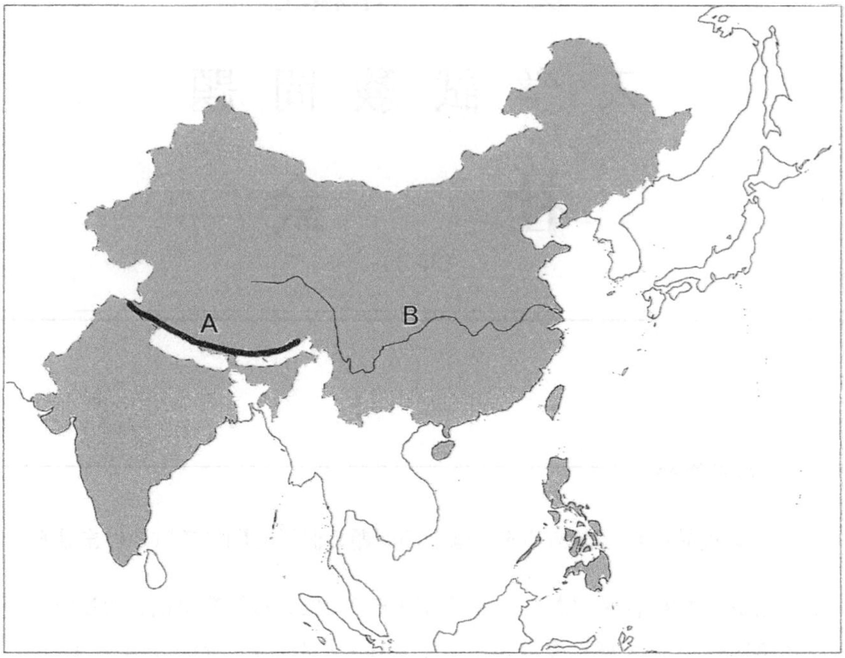

図1

(1)　次の文は，**図1**中の**A**の山脈と**B**の河川について述べたものです。文中の［①］～［③］に当てはまる山脈や河川の名前を答えなさい。同じ番号の［　　］には同じ名前が入ります。

> **A**は［①］です。［①］には世界で最も標高の高いエヴェレスト（チョモランマ）をはじめ，高い山々が連なっています。
> 世界で最も長い河川は，アフリカ大陸を流れる［②］ですが，**B**の河川は，［②］に次いで世界で2番目の長さをほこる［③］です。

(2) 次の**表1**は，**図1**中のインド，フィリピン，中国について，人口や日本との貿易についてまとめたものであり，④～⑥は3つの国のいずれかです。3つの国と④～⑥の組み合わせとして正しいものを，下の**ア～カ**から1つ選び，記号で答えなさい。

表1

		④	⑤	⑥
人口		142,589 万人	140,756 万人	11,388 万人
日本の輸出	輸出総額	179,844 億円	14,111 億円	12,197 億円
	上位5品目	一般機械	一般機械	電気機器
		電気機器	電気機器	一般機械
		プラスチック	無機化合物	バスとトラック
		乗用車	銅・銅の合金	鉄鋼
		科学光学機器	プラスチック	非鉄金属
日本の輸入	輸入総額	203,775 億円	6,746 億円	11,922 億円
	上位5品目	電気機器	有機化合物	電気機器
		一般機械	揮《き》発《はつ》油《ゆ》	金属鉱と金属くず
		衣類	電気機器	木製品
		金属製品	一般機械	バナナ
		織物用糸と繊維製品	えび	プラスチック製品

統計年次：人口，貿易とも 2021 年。
地理統計要覧 2023 より作成。

	ア	**イ**	**ウ**	**エ**	**オ**	**カ**
インド	④	④	⑤	⑤	⑥	⑥
フィリピン	⑤	⑥	④	⑥	④	⑤
中国	⑥	⑤	⑥	④	⑤	④

2　日本の工業や貿易についてあとの問いに答えなさい。

(1) 日本は長い間，海外から輸入した原料をもとに製品を作り，それを輸出することで工業化を進め，経済を成長させてきました。このような貿易を何というか答えなさい。

(2)　日本の代表的な輸出品の１つに輸送用機械があります。次の**図２**は，九州の輸送用機械の組立工場４社の位置と生産を始めた年を示したものです。また**図３**は，九州各県の輸送用機械の関連工場（部品などをつくる工場）の企業数を市区町村別に示したものです。**図２・図３**に関連して述べた下の**ア～エ**のうち，内容の**誤っているもの**を１つ選び，記号で答えなさい。

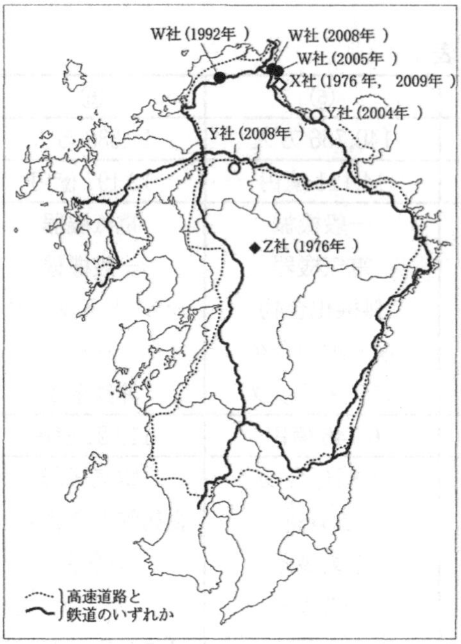

図２

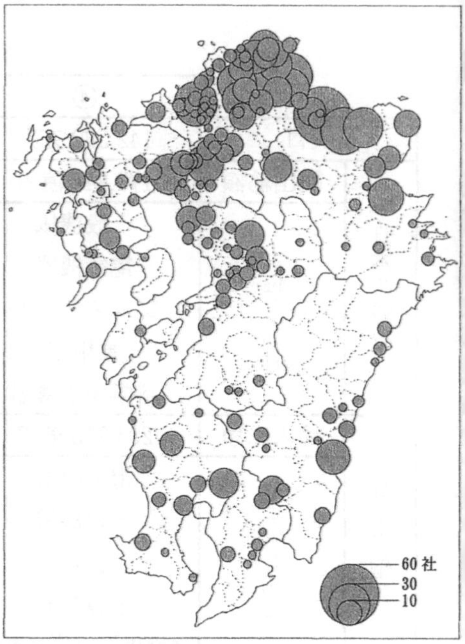

九州自動車・二輪車産業振興会議の資料（令和５年版）より作成。

図３

ア　2000年以降に組立工場が九州につくられた理由の１つには，災害時に備えて，工場を国内の各地に分散させたことがあげられる。

イ　組立工場のいくつかは海に近い場所につくられている。これは完成した製品を船で輸出するのに便利なためである。

ウ　組立工場のいくつかは鉄道路線に近い場所につくられている。これは関連工場でつくられた部品を貨物列車で輸送するのに便利なためである。

エ　関連工場はとくに福岡県と大分県に多い。このことは関連工場から組立工場への部品の輸送時間を短縮し，輸送費を低くおさえることにつながっている。

(3)　日本で生産される工業製品のうち，セメントは，原料のほぼすべてを国内で自給しています。セメントの原料の約80％は，白色をした鉱石です。この鉱石の名前を解答欄に**漢字２字**を入れて答えなさい。

3　日本の農業について，あとの問いに答えなさい。

(1)　次の**図 4** のC～Eは，カンショ（サツマイモ），トマト，米のいずれかの都道府県別の生産量を，全国の総生産量に対する割合で示したものです。C～Eと３つの農作物の組み合わせとして正しいものを，下の**ア**～**カ**から１つ選び，記号で答えなさい。

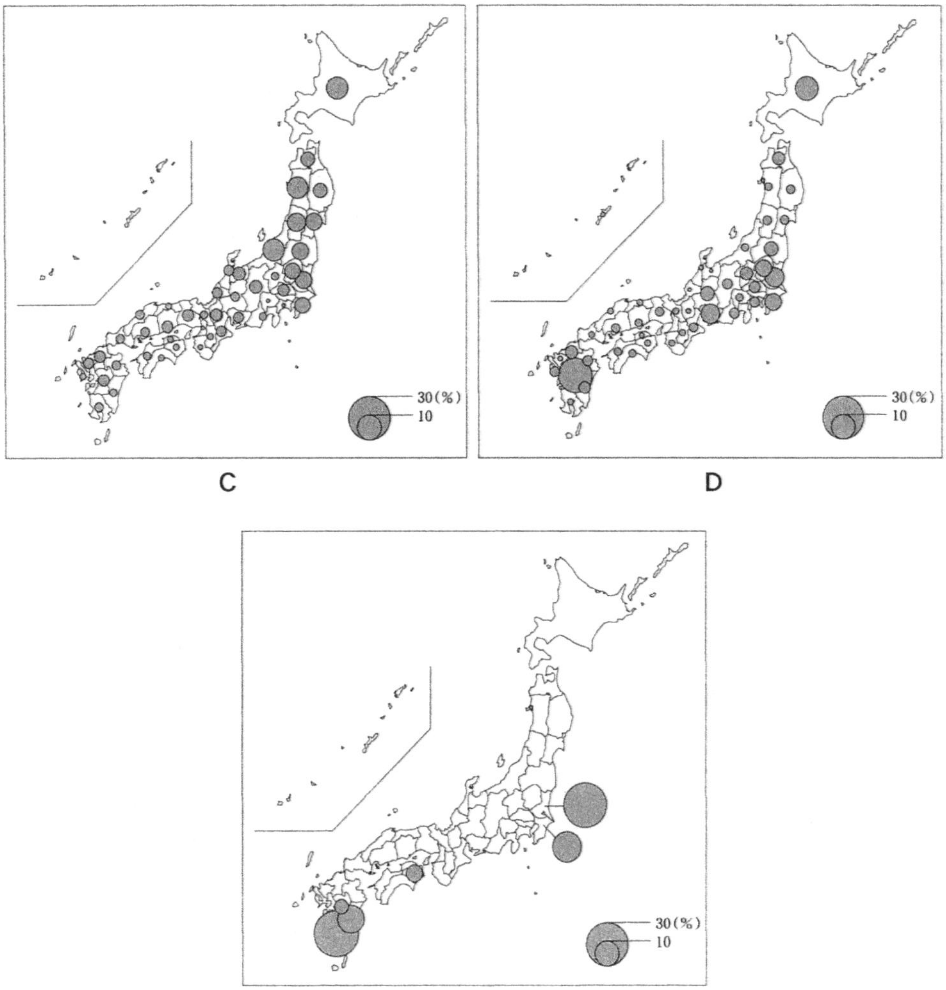

C　D　E

統計年次は 2020 年。
地理統計要覧 2023より作成。

図 4

	ア	イ	ウ	エ	オ	カ
C	カンショ	カンショ	トマト	トマト	米	米
D	トマト	米	カンショ	米	カンショ	トマト
E	米	トマト	米	カンショ	トマト	カンショ

(2) 次の**図5**は，昭和30年（1955年）頃の熊本県の米作りの作業カレンダーを示しています。下の**図6**は唐箕《とうみ》とよばれる道具です。唐箕は**図5**の**ア**～**オ**のどの時期に使う道具ですか。記号で答えなさい。また，唐箕は何をする道具ですか。「分ける」または「選別する」という語を使って説明しなさい。

6月初旬	7月8日頃	7月～9月	10月10日頃	10月下旬
田起し　代かき	田植え	田の管理（草取りなど）	稲かり	脱こく　モミすり
ア	イ	ウ	エ	オ

八代市立博物館の資料より作成。

図5

八代市立博物館のホームページより

図6

2 次の各問いに答えなさい。

1　次の**資料A～D**を読み，あとの問いに答えなさい。なお，各資料は年代の古い順に並べてあり，それぞれ現代語に訳してあります。

倭の国の王は，もとは男性が務めた。従えていたくにぐにが争いを起こし，戦いが続いたので，相談して，①卑弥呼という女性を王にたてた。…〈中略〉…また，卑弥呼は中国に使いを送り，おくり物をしたので，中国の皇帝は，そのお返しに卑弥呼に倭王の称号をあたえ，織物や［　②　］の鏡などを授けた。

資料A

第一条　人の和を第一にしなければなりません。
第二条　③仏教をあつく信仰しなさい。
第三条　天皇の命令は，必ず守りなさい。
第十二条　地方の役人が，勝手にみつぎ物を受け取ってはいけません。

資料B

頼朝どのが平氏をほろぼして幕府を開いてから，その④ご恩は，山よりも高く，海よりも深いほどです。ご恩に感じて名《めい》誉《よ》を大切にする武士ならば，よからぬ者をうちとり，幕府を守ってくれるに違いありません。

資料C

一　⑤諸国の百姓が，刀，やり，鉄砲などの武器をもつことを，かたく禁止する。武器をたくわえ，年貢を出ししぶり，一揆をくわだてて領主に反抗する者は，厳しく処罰《しょばつ》される。
一　取り上げた刀などは，京都に新しくつくる大仏のくぎなどにする。百姓は仏のめぐみを受けて，この世ばかりか，死んだ後も救われるだろう。

資料D

(1)　下線部①について，卑弥呼が治めた国を何といいますか。

(2)　［　②　］には，当時の日本に伝わり，祭りの道具などに使われた金属の名前が入ります。何という金属ですか，**漢字１字**で答えなさい。

(3)　下線部 ③ にもっとも関係の深い寺院はどれですか。次の**ア**～**エ**から１つ選び，記号で答えなさい。

ア

イ

ウ

エ

(4)　**資料**Ｂと**資料**Ｃのあいだのできごとについて説明した文として正しいものを，次の**ア**～**エ**から１つ選び，記号で答えなさい。

ア　中大兄皇子や中臣鎌足が，唐を参考にして律令を定めた。

イ　天智天皇は，仏教の力で国を治めるため，全国に国分寺を建てることを命じた。

ウ　天皇のきさきに仕えた紫式部が，すぐれた随《ずい》筆である『源氏物語』を書いた。

エ　平安京では，藤原氏を中心とした有力な貴族が朝廷の政治を動かした。

(5)　下線部 ④ の例を１つ挙げなさい。ただし，次の語を必ず用いること。

【　幕府　】【　武士　】

国語 解答用紙

令六・奨専

一

一
①
②

二

三

二

一
a
b　み
c

二

三

四

受験番号	評点
	※100点満点 （配点非公表）

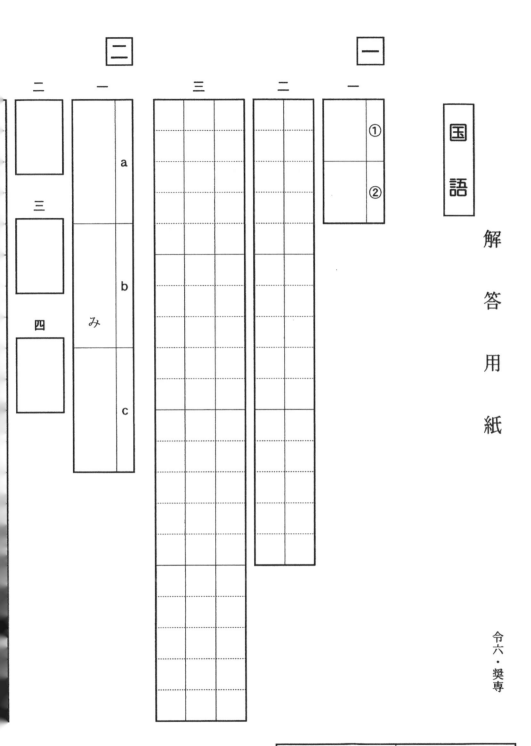

2

(1)	日　　時間　　分
(2)	円
(3)	個
(4)	
(5)	分
(6)	倍

※採点欄

5

(1)	度
(2)	cm
(3)	P : Q = :
(4)	cm

※採点欄

受験番号	評　点
	※100点満点 （配点非公表）

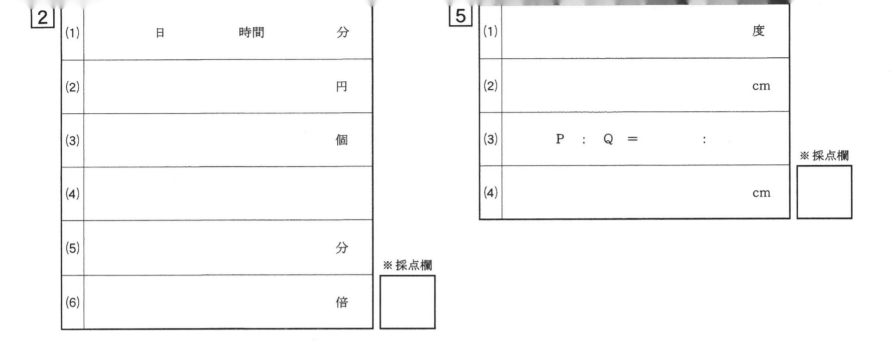

割以上				

(5)
図 1　→（　　　）→（　　　）→（　　　）→（　　　）

(6)			
①	②	③	④

※採点欄

4

(1)	(2)	(3)

(4)			(5)		
①	②	③	①	②	③

※採点欄

受験番号	評　　点
	※50点満点 （配点非公表）

(6)	(7)	(8)	(9)
		→　→　→	

(10)

2

ア	イ	ウ

3

1

2

3

→　→　→

4

5

※採点欄

受験番号	評点
	※50点満点 （配点非公表）

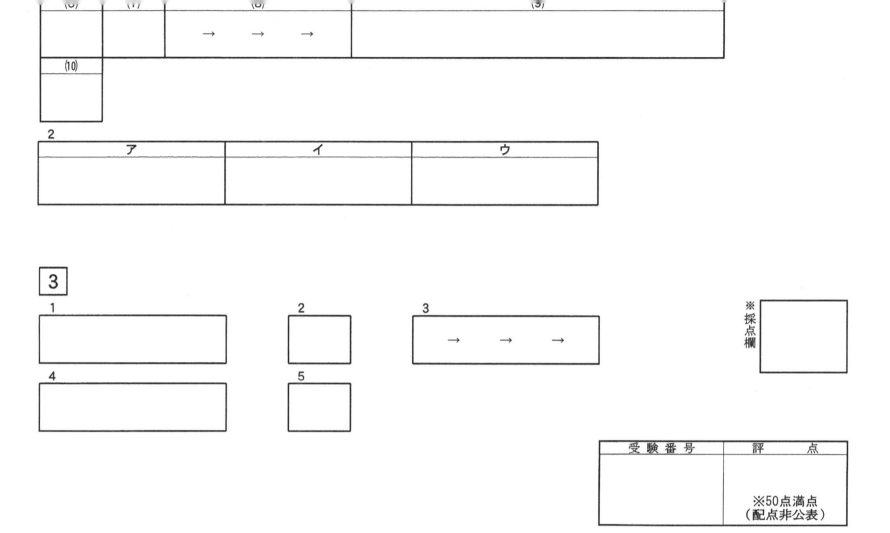

解　答　用　紙

令6. 奨専

社　会

1

※採点欄

1

(1)			(2)
①	②	③	

2

(1)	(2)	(3)		
				石

3

(1)	(2)	
	記号	道具の説明

2

※採点欄

1

(1)	(2)	(3)	(4)

(5)

【解答

解　答　用　紙

令6. 奨専

理　科

1

(1)	(2)		(3)	(4)
	②	春の七草（記号）		

(5)

(6)				
A	B	C	D	E

※採点欄

2

(1)	(2)		
	①	②	③
g			

(3)		(4)	(5)
X	Y	Z	

※採点欄

【解答

解　答　用　紙

令6. 奨専

算　数

1

(1)	
(2)	
(3)	
(4)	
(5)	
(6)	
(7)	
(8)	

※採点欄

3

(1)				
(2)	下から	番目の段の左から		番目
(3)				

※採点欄

4

(1)				m
(2)	分速			m
(3)	午後		時	分

※採点欄

【解答

六

三

一

a　げる

b

c　った

二

A

B

C

三

四

五

六

四

①

②　える

③

④　い

⑤

⑥　う

⑦

⑧

⑨

⑩

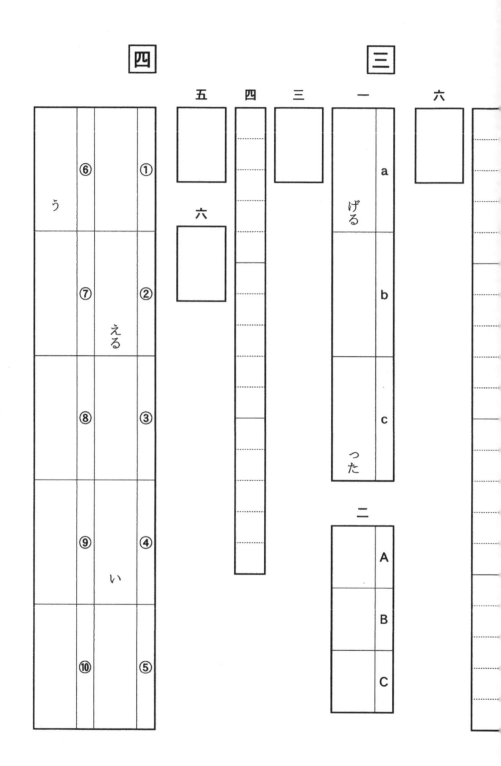

(6) **資料C**が出されるきっかけとなったできごとについて説明した次の**X**・**Y**の文について，正しいもの，誤っているものを判断し，組み合わせとして正しいものを下の**ア**～**エ**から１つ選び，記号で答えなさい。

X　このできごとは，東国を中心に勢力を保っていた朝廷が，幕府を倒す命令を出したことによって始まった。

Y　このできごとによって，朝廷の力が弱まり，源頼朝を中心とした幕府の支配力がいっそう強くなった。

ア　X，Yのどちらも正しい　　　　**イ**　Xは正しいが，Yは誤っている

ウ　Xは誤っているが，Yは正しい　　**エ**　X，Yのどちらも誤っている

(7) 次の表は，熊本県の歴史について，その一部をまとめたものです。**資料C**の出された時期にもっとも近いものを，年表中の**ア**～**エ**から１つ選び，記号で答えなさい。

年	できごと
778	遣唐使船が遭難《そうなん》し，一部が天草に漂着《ひょうちゃく》する。
935	藤崎宮が創設《そうせつ》される。‥‥‥‥‥‥‥‥‥‥‥‥‥ **ア**
1019	中国東北部の女真族《じょしんぞく》が博多を攻め，菊池氏の祖である藤原蔵規《まさのり》らが撃退《げきたい》する
1092	白河上皇の荘園である山鹿庄が成立する‥‥‥‥‥ **イ**
1205	相良《さがら》長頼《ながより》が人吉庄の地頭となる‥‥‥‥‥‥‥‥‥ **ウ**
1309	藤崎宮が火災にあう‥‥‥‥‥‥‥‥‥‥‥‥‥ **エ**
1432	菊池持朝《もちとも》が筑後国の守護となる

(8) 次の**ア**～**エ**は，**資料C**と**資料D**のあいだに起こったできごとです。**ア**～**エ**を年代の古い順に正しく並べ変えなさい。

ア　元の大軍が九州北部にせめてきたが，幕府は２度にわたってこれを撃退した。

イ　足利義満が，明と貿易を行うとともに，文化や芸術を保護した。

ウ　武士の裁判の基準となる御成敗式目がつくられた。

エ　幕府がおとろえると，戦国大名と呼ばれる各地の武将が争うようになった。

⑼　下線部⑤の命令は，一揆の防止のために出されましたが，その他にも世の中に大きな変化をもたらしました。それはどのような変化か説明しなさい。ただし，次の語を必ず用いること。

【　武士　】【　身分　】

⑽　**資料D**を出した人物が行った政治について説明した文として正しいものを，次の**ア**～**エ**から１つ選び，記号で答えなさい。

ア　キリスト教を保護し，京都に教会堂を建てることを許可した。

イ　各地の産業を盛んにするために太閤検地を行い，商品作物をつくらせた。

ウ　四国・九州や関東・東北の大名の力をおさえ，天下統一をなしとげた。

エ　2度に渡って明に出兵し，これを征服《せいふく》しようとしたが失敗した。

2024(R6) 熊本学園大学付属中
K 教英出版

2　次の**資料**1～3を参考にして，明治時代の産業の発展について説明した下の文中の［ア］～［ウ］に当てはまる語句をそれぞれ答えなさい。同じ記号の［　　］には同じ語句が入ります。

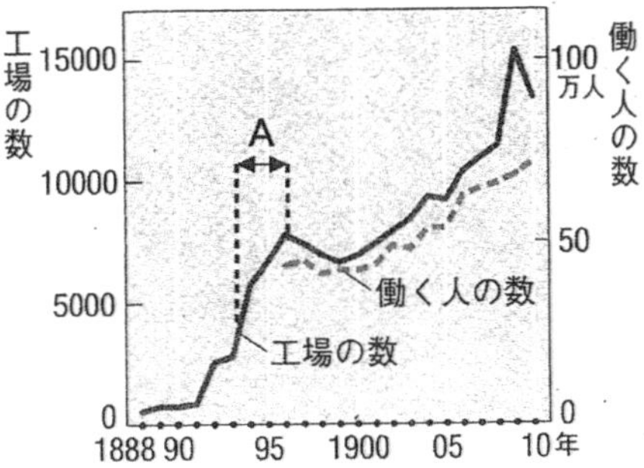

『日本産業革命の研究』より

資料 1

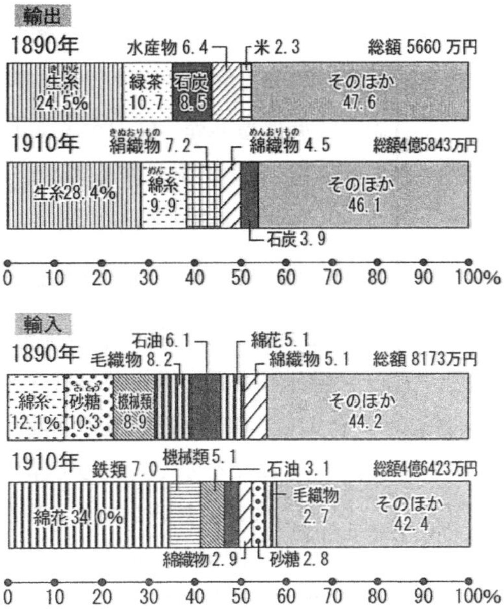

『日本貿易精覧』より

資料 2

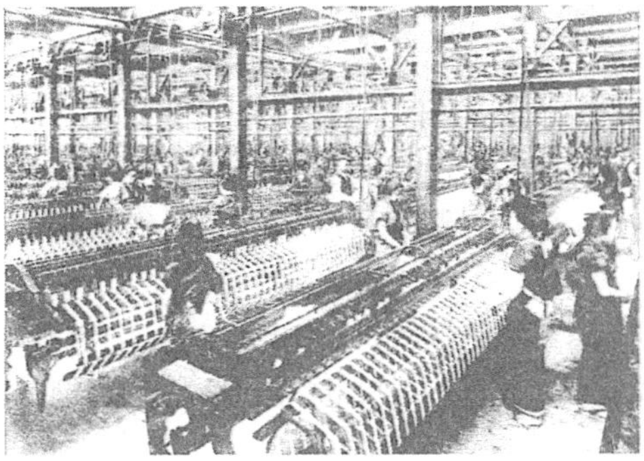

資料 3

資料1を見るとAの時期に工場の数が大きく増加していることが分かる。これは，1894年に起こった［ア］戦争の影響が大きいと考えられる。この戦争に勝利した日本は，相手国から賠償《ばいしょう》金をもらうことができたため，これにより国内の産業の発展が進んだ。

資料2からは，貿易品の変化が分かる。1890年の輸入品では割合の低かった［イ］の輸入が，1910年には大幅に増えていることから，原料として［イ］を輸入し，**資料**3のような紡績《ぼうせき》工場で生産した［ウ］を輸出する産業が発展したことが分かる。

3 ひかりさんとさくらさんは，九州の鉄道の歴史について調べて年表にまとめました。次の年表と会話文を読んで，あとの各問いに答えなさい。

年	できごと
1872	日本で最初の鉄道が新橋・[①]間に開通する
1889	九州鉄道が開業する
1907	九州鉄道が国の所有となる
1923	九州７県をつなぐ鉄道網《もう》が完成する
1927	九州を縦断する鹿児島本線が開通する
1970	鹿児島本線の動力を全線電気に転換《てんかん》する
1987	JR 九州が発足する
2004	九州新幹線が開業する
2011	九州新幹線が全線開業する

ひかり：2022 年は，日本に鉄道が開通してから 150 年目の節目の年でしたが，九州の鉄道にも長い歴史があることがよく分かりました。

さくら：そうですね。九州鉄道の開業は，大日本帝国《ていこく》憲法が発布された年と同じということになるので，改めて歴史の重みを感じました。

ひかり：大正時代にはすでに九州７県の県庁所在地をつなぐ路線が完成しており，1927 年に開通した鹿児島本線は，②太平洋戦争時の物資や人員の輸送にも重要な役割を果たしたそうです。

さくら：多くの鉄道が国の所有になった理由は，戦争のためでもあったのですね。

ひかり：戦後の混乱期を過ぎて高度経済成長期に入ると，九州各都市へと鉄道網が拡大していきました。

さくら：経済の発展と鉄道網の拡大には密接な関わりがあったのですね。

ひかり：しかし一方で，③エネルギー革命による産業の変化や過疎《かそ》化による利用者の減少などで廃止《はいし》になる路線もあったようですよ。

さくら：そうだったのですね。この時期には公害などの環境《かんきょう》問題も生まれ，国民の[④]がそこなわれることもしばしばありましたね。

ひかり：確かにそうですね。都市部では⑤1964 年に東海道新幹線が開通するなど，ますます鉄道網が発展していきましたが，九州新幹線は 21 世紀になってようやく開通するなど，地域間格差の拡大にもつながっていきました。

さくら：それは驚《おどろ》きですね。それだけ鉄道網の整備には時間と労力がかかるということですよね。今後はもっと感謝して利用しなければなりませんね。

1　年表中の ① に入る地名を答えなさい。

2　下線部②について，太平洋戦争について述べた次の**a**～**c**の文を古いものから年代順に正しく並べたものを，下の**ア**～**カ**から１つ選び，記号で答えなさい。

a　アメリカ軍が沖縄島に上陸し，多くの一般《いっぱん》市民が戦いに動員された。

b　日本がハワイのアメリカ軍港やマレー半島のイギリス軍を攻撃《こうげき》した。

c　ソ連軍が条約を破って満州や樺太《からふと》南部，千島列島に攻《せ》めこんできた。

ア　a→b→c　　**イ**　a→c→b　　**ウ**　b→a→c

エ　b→c→a　　**オ**　c→a→b　　**カ**　c→b→a

3　下線部③について，エネルギー革命とは，発電や燃料などに使用されるエネルギー資源の割合が大きく変化することを言います。次の**ア**～**エ**は1955年，1973年，2010年，2017年の日本のエネルギー供給の割合をそれぞれ表したものです。**ア**～**エ**を年代の古い順に並べかえなさい。

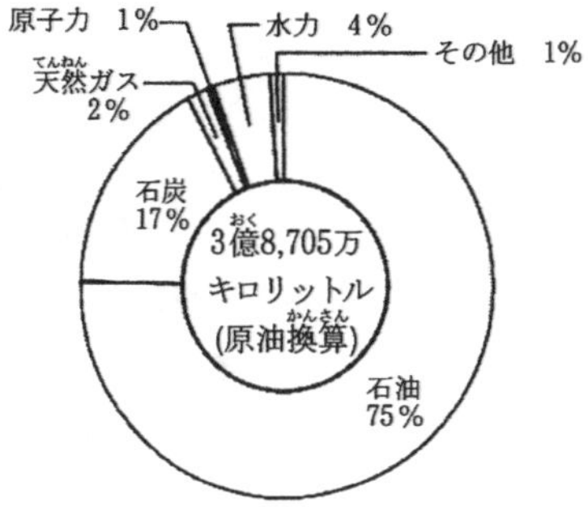

ア

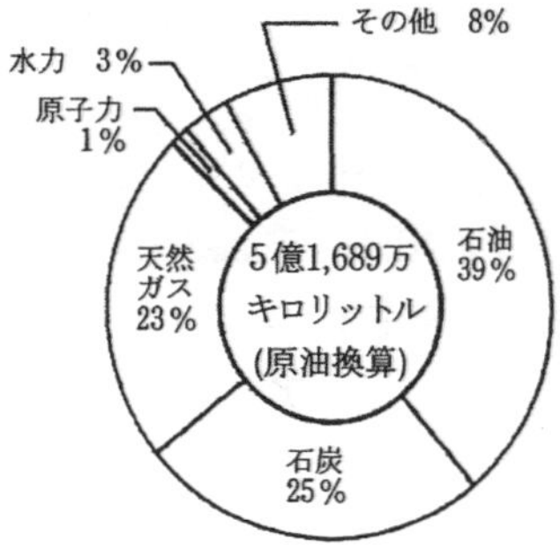

イ

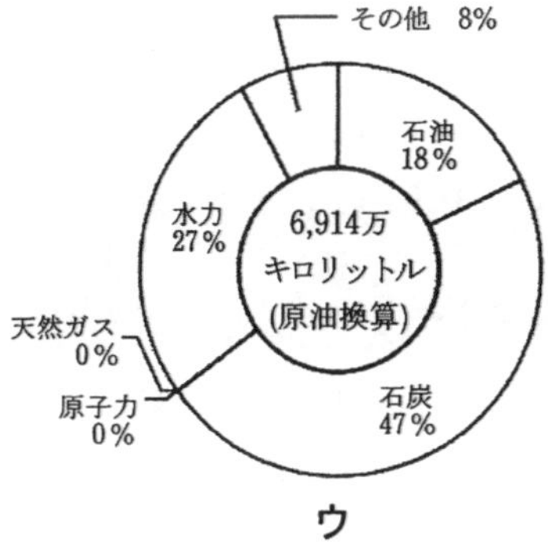

ウ

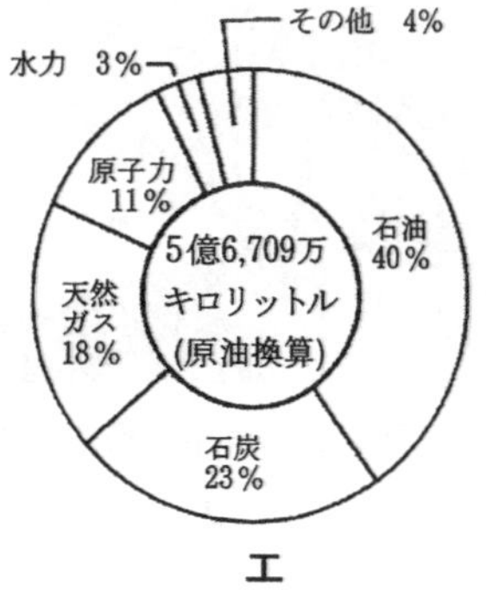

エ

経済産業省資源エネルギー庁「総合エネルギー統計」より作成。

4　次の**資料A**は日本国憲法第 25 条の条文の一文です。会話文中の［ ④ ］と**資料A**中の［ ④ ］には同じ語句が入ります。**資料A**を参考にして，［ ④ ］に当てはまる語句を，**漢字 2 字**で答えなさい。

すべて国民は，［ ④ ］で文化的な最低限度の生活を営む権利を有する。

資料A

5　下線部⑤について，東海道新幹線の開通と同年のできごとをあらわした写真として正しいものを，次の**ア**～**エ**から 1 つ選び，記号で答えなさい。ただし，**ア**～**エ**はすべて 1945 年～2000 年の間のできごとをあらわしたものです。

東京オリンピック

ア

日本万国博覧会

イ

サンフランシスコ平和条約の調印式

ウ

ベルリンの壁《かべ》の崩壊《ほうかい》

エ

K 教英出版

令和５年度

奨学生・専願生

入学試験問題

国語

(45分)

注意事項

1. 試験開始の合図があるまではこの問題の冊子《さっし》を開いてはいけません。

2. 試験開始の合図があったら問題冊子の中にある解答用紙を取り出し，受験番号を書く欄《らん》に受験番号を記入してください。名前を記入する必要はありません。

3. 答えはすべて丁寧《ていねい》な文字で書いてください。また，漢字で書かなければならないところは漢字で書いてください。

4. 答えはすべて解答用紙に記入してください。

熊本学園大学付属中学校

一

「動物園」という施設については、その存在について肯定《こうてい》的な意見と否定的な意見を持つ人がいます。あなたの意見はどちらかを示した上で、そう考える理由を答えなさい。

ただし、二〇〇字以内で、二段落構成とし、第一段落には「動物園」の存在に肯定的な意見を持っているか否定的な意見を持っているかあなたの立場を答えなさい。また、第二段落にはあなたと異なる立場を取った人の意見を想定した上で、あなたが第一段落で答えた自分の立場を取る理由を答えなさい。

二

次の文章を読んで、あとの問いに答えなさい。

かなり単純な判断しかできないハチやアリたちの※コロニーが効率よく仕事を処理していくためには、必要な個体数を必要な場所に配置するメカニズムが必要です。人間の会社では、これは上司の仕事です。しかし昆虫《こんちゅう》社会に上司はいないので、別のやり方が必要になります。このために用意されているのが「反応閾値《いきち》」=「仕事に対する腰《こし》の軽さの個体差」です。「反応閾値」とは耳慣れない言葉ですが、社会性昆虫が集団行動を制御《せいぎょ》する仕組みを理解するためにはaカかせない概念《がいねん》ですので、できるだけわかりやすく説明します。

（　A　）、ミツバチは口に触《ふ》れた液体にショ糖が含《ふく》まれていると舌を伸《の》ばしてそれを吸おうとしますが、どの程度の濃度《のうど》の糖が含まれていると反応が始まるかは、個体によって決まっています。この、刺激《しげき》に対して行動を起こすのに必要な刺激量の限界値を①「反応閾値」といいます。

わかりやすく人間にたとえてみましょう。人間にはきれい好きな人とそうでもない人がいて、部屋がどのくらい散らかると掃除《そうじ》を始めるかが個人によって違《ちが》っています。きれい好きな人は「汚《よご》れ」に対する反応閾値が低く、散らかっていても平気な人は反応閾値が高いということができます。要するに「個性」と言い換《か》えることもできるでしょう。

ミツバチでは、蜜《みつ》にどの程度の濃度の糖が溶《と》けていればそれを吸うか、とか、巣の中がどれくらいの温度になると温度をさげるための羽ばたきを開始するかというような、仕事に対する反応閾値が※ワーカーごとに違っている、ということが昔からわかっていました。

（　B　）、必要とされる行動に対する反応しやすさに個体差があるのです。人間なら何人かの人がいれば、かならずきれい好きとそうでもない人が交じっており、きれい好きな人は少し散らかると我慢《がまん》ができず掃除を始めてしまいます。仕事に対する「腰の軽さ」が違っているから、すぐやる人とやらない人がいるというわけです。

ミツバチに話を戻《もど》すと、ワーカーのあいだに個性が存在することがわかったので、それがなんのために存在するかについて学者たちは知恵《ちえ》を巡《めぐ》らせ、一つの仮説にたどり着きました。それは「反応閾値モデル」と呼ばれるものでした。

これは、反応閾値がコロニーの各メンバーで異なっていると、必要なときに必要な量のワーカーを動員することが可能になるとする考え方です。説明しましょう。

コロニーが必要とする労働の質と量は時間と共に変わります。先に説明したように、どれだけの働きバチを蜜源に向かわせなければならないかは、どれだけの花が発見されたかによって変わります。幼虫がたくさんいて、みなが腹を空かせている時間にはたくさんの働きバチが幼虫にエサを与《あた》える必要がありますが、幼虫が満腹している時間にはそれほどたくさんのハチが働く必要はありません。

こなさなければならない仕事の質と量にこのような時間的・空間的な変動があるとき、それに効率よく対処するにはどうしたらよいでしょう。人間なら、仕事の発生状況《じょうきょう》をマネージャーなどが把握《はあく》して、人をそれぞれの現場に振《ふ》り分ける、という対処をするでしょう。外回りの最中、会社から指示を受けて別の現場に急行、という経験をおもちの方もいらっしゃるかもしれません。（　C　）、ハチやアリではそのような対応は不可能です。昆虫の単純な脳では、※人がbキョクドに発達させた大脳の前頭葉で処理しているような、高度な知能的判断をくだすことはとてもできません。そこで真社会性生物ができることのなかから選んだ方法（厳密にいえば自然淘汰《とうた》の結果に残された行動様式ですが）は、メンバーのなかに労働に対する反応閾値の幅《はば》をもたせるというものでした。

反応閾値に個体差があると、一部の個体は小さな刺激でもすぐに仕事に取りかかります。例えば、敏感な個体は幼虫が少し空腹になった様子を察知して、すぐにエサを与えます。幼虫たちはたくさんいるので、他の幼虫も空腹になった場合、［Ⅰ］なハチたちが懸命《けんめい》に働いても手が足りなくなるでしょう。一部の幼虫はさらに空腹になり、早くエサをくれ！とむずかりだします。つまり、幼虫の出す「エサをくれ」という刺激はだんだん大きくなっていきます。すると、いままで幼虫に見向きもしなかったハチたちのうち、それほど［Ⅱ］ではない働きバチも幼虫にエサを与え始めます。それでも手が足りなければ幼虫の出す刺激はさらに大きくなり、最も［Ⅲ］なハチたちまでエサやりを始めます。幼虫が満腹になってくると［Ⅳ］なハチだけでも手が足りるようになるため、［Ⅴ］なハチから順に仕事をやめてだんだんと働き手は減っていきます。やがて全部の幼虫が満腹すると、「エサをくれ」という刺激はなくなり、どのハチも幼虫にエサを与えなくなります。

このように、反応閾値に個体差があると、必要な仕事に必要な数のワーカーを［Ｘ］に動員することができるのです。

このメリットが、司令官をもつことができない社会性昆虫たちのコロニーに個性が存在する理由ではないかとする仮説が「反応閾値モデル」です。

また、ある個体が一つの仕事を処理していて手いっぱいなときに、他の仕事が生じた際、その個体が新たな仕事を処理することはできませんが、新たな仕事のもたらす刺激値が大きくなれば反応閾値のより大きな別の個体、つまり先の個体より「怠《なま》け者」の個体がその仕事にCチャクシュします。

このシステムであれば、必要な個体数を仕事量に応じて動員できるだけでなく、同時に生じる複数の仕事にも即座《そくざ》に対応できます。しかも、それぞれの個体は上司から指令を受ける必要はなく、目の前にある、自分の反応閾値より大きな刺激値を出す仕事だけを処理していれば、コロニーが必要とする全部の仕事処理が自動的に進んでいきます。高度な知能をもたない昆虫たちでも、刺激に応じた単純な反応がプログラムされていれば、コロニー全体としてはまるで司令官がいるかのように複雑で高度な処理が可能になるわけです。

つまり、腰が軽いものから重いものまでまんべんなくおり、しかしさぼろうと思っているものはいない、という状態になっていれば、司令塔《しれいとう》なきコロニーでも必要な労働力を必要な場所に配置できるし、いくつもの仕事が同時に生じてもそれに対処できるのです。よくできていると思いませんか？　面白いのは、②「全員の腰が軽くてもダメ」というところで、様々な個体が交じり合っていて、はじめてうまくいく点がキモです。

ミツバチの例から、このような反応閾値の個体間変異が実際に存在していることはわかっています。人間から見るとみんな同じに見えるハチやアリたちは、実はそれぞれ違う個性をもっているのです。

（長谷川英祐《はせがわえいすけ》『働かないアリに意義がある』による）

※　コロニー……集団。
※　ワーカー……ここでは、働きバチのこと。
※　真社会性生物……社会を持つ生物の中でも特殊《とくしゅ》な集団構成を持つ生物。

問一 〰〰 a～cのカタカナを漢字に直しなさい。

問二 （ A ）～（ C ）に入る語として最も適当なものを次の**ア**～**オ**からそれぞれ選び、記号で答えなさい。ただし、同じ記号は一度しか使えません。

ア しかし　**イ** 例えば　**ウ** つまり　**エ** そして　**オ** あるいは

問三 [Ⅰ]～[Ⅴ]には、「敏感《びんかん》」か、「鈍感《どんかん》」のどちらかの語が入ります。最も適当な組み合わせのものを次の**ア**～**エ**から選び、記号で答えなさい。

ア Ⅰ 鈍感　Ⅱ 鈍感　Ⅲ 敏感　Ⅳ 鈍感　Ⅴ 敏感

イ Ⅰ 敏感　Ⅱ 敏感　Ⅲ 鈍感　Ⅳ 敏感　Ⅴ 鈍感

ウ Ⅰ 鈍感　Ⅱ 鈍感　Ⅲ 敏感　Ⅳ 鈍感　Ⅴ 鈍感

エ Ⅰ 敏感　Ⅱ 敏感　Ⅲ 鈍感　Ⅳ 敏感　Ⅴ 敏感

問四 [X]に入る最も適当な四字熟語を次の**ア**～**オ**から選び、記号で答えなさい。

ア 一朝一夕　**イ** 千差万別　**ウ** 臨機応変　**エ** 以心伝心　**オ** 四方八方

問五 ——①「反応閾値」について、人間に当てはめた場合の会話を生徒四人がしています。**間違った**内容を述べているのはA～Dのだれですか。一つ選び、記号で答えなさい。

A 「辛《から》さ」に対する反応閾値が高い人は、激辛でも平気ということだね。

B なるほど。じゃあ、「寒さ」に対してだったら、反応閾値が低い人ほど寒がりってことになるね。

C そうか。「騒がしさ」に対する反応閾値が小さい人が集まっているクラスは行動が落ち着いていることが多いよね。

D それなら「締切《しめきり》」に対する反応閾値が大きい人は、期限を厳守するだろうね。

問六　――②「全員の腰が軽くてもダメ」とありますが、ミツバチのコロニーの中で「全員の腰が軽い」とどのような問題が起こるのですか。それを説明した次の文の（　1　）には二十五字以内で「全員の腰が軽い」とはどういうことかを記しなさい。また（　2　）にはそれによって生じる問題について三十五字以内で記し、説明を完成させなさい。ただし、「腰」「軽い」「反応閾値」という語句は使わないこと。

（　1　）ことになり、（　2　）できなくなるので、コロニーが成り立たなくなる。

問七　本文の内容に合うものとして最も適当なものを次の**ア**～**エ**から選び、記号で答えなさい。

ア　単純な判断しかできないハチのワーカーは、刺激量に対する反応の仕方があらかじめ決まった社会を女王バチの指令のもとに構成している。

イ　ミツバチのコロニーでは、反応閾値の高い怠け者はいつでも仕事をしようとせず、さらに幼虫が満腹状態のときには全員が仕事を休んでいる。

ウ　真社会性生物は、仕事に対する反応閾値が低い個体と高い個体がバランス良く存在することで、集団の中で複雑で高度な仕事処理が可能となる。

エ　ミツバチが集団の中で状況の変化に対応できるのは、複雑で高度な処理を可能にするプログラムがそれぞれの個体に組み込まれているからである。

三

次の文章を読んで、あとの問いに答えなさい。

明治時代の初め、主人公の富太郎《とみたろう》は高知県の佐川小学校で教員として働いていた。以下はその授業中の様子を描《えが》いた場面である。

白墨《はくぼく》を手にした富太郎は、黒板に桃《もも》の実の絵を三つ描《か》いた。

「ここに桃が三つ入った籠《かご》がある。これに二を乗じて四つ喰《く》ったら、いくつ残るが？」

教場に坐《ざ》した生徒らを見回し、黒々としたイガグリ頭に目を留《と》めた。

「岩吉《いわきち》、どうじゃ」

皆《みな》が一斉《いっせい》に後ろを振《ふ》り向く。注視を浴び、岩吉の平たい顔が途端《とたん》に紅色を帯びた。躰《からだ》は大人並みで、実際、富太郎と同じ十七歳《さい》だ。岩吉が前の席に坐《すわ》れば後列の生徒に掛図《かけず》や黒板の文字が見えなくなるので、常に出入り口に近い後方にいる。家の畑仕事を手伝ってから登校するらしく、しばしば授業に遅《おく》れるという事情もある。

①岩吉は俯《うつむ》いて、肩《かた》や腕《うで》をもぞもぞと動かすばかりだ。

「ゆっくりでえいぞ」

こういう局面ではa急かさないことにしている。岩吉はこの程度の計算など簡単にでき、頭の中ではすでに答えを出しているのだ。それはこれまでの授業で察しがつくし、この教室は※上等小学の八級だ。皆、下等小学の一級からここまで進んできている。臨時の試験を受ければ飛び級もでき、たしか岩吉も何級か越《こ》えているはずだ。しかしこうして皆の前で当てられると狼狽《ろうばい》して黙《だま》り込《こ》んでしまう。人前で答えをbノベることに慣れていない、とくに百姓《ひゃくしょう》の子にそういった性質が多く、岩吉もしかりだ。間違《まちが》うことを無闇《むやみ》に恐れ、教員に対してもひたすら恐懼《きょうく》の体《てい》を取る。

もはや明治も十一年となっている。※御一新《ごいっしん》によって身分の垣根《かきね》が取り払《はら》われ、四民《しみん》はとうに平等となったはずであるのに、悪しき慣《なら》いは土地の隅々《すみずみ》にまで染みついてなかなか払拭《ふっしょく》できぬものらしい。己でも気づかぬ、心の癖《くせ》とでも言おうか。

（中略）

「岩吉、どうじゃ」と、再び促《うなが》してみた。

大きな肩をすくめ、やっと「二つ」と呟《つぶや》くように答えた。「よろしい」とうなずき、富太郎は爪先《つまさき》を回した。黒板に向かい、桃の絵を新たに大きく五つ描く。

「さて、次の問いじゃ。桃を七人で喰いたいが五つしかないとする。あと、いくつ要《い》る？」

前列の女児を当てると、即座《そくざ》に「二つ」と答える。順に訊《き》いていくと、皆が「二」「二個」と答えていく。先ほどよりさらに簡単な計算であるので間違える者はいない。問いをもっと捻《ひね》るべきだったかと思いつつ、最後に岩吉の番だ。

「あといくつ要る」

すると、首を横に振った。

「要りません」

「ほう、要らぬか」と、富太郎は頬《ほお》を緩《ゆる》めた。「いくつ要る」と問われて「要らぬ」と答えるのは正解ではないが、不正解は往々②にしてサムシングを孕《はら》んでいる。

そうじゃ、こういう答えを待っておったがよ。

浮き浮きと弾《はず》んでくる。しかし生徒らは顔を見合わせてざわつき、岩吉の顔はまたもや③熟柿《じゅくし》のごときになった。

「皆、静かにせんか。岩吉、理由を教えてくれ」

岩吉は目をしばたたかせ、唇《くちびる》を揉《も》むように動かしてから「うちは」と声を押《お》し出すように言った。

「うちんくじゃ、いっつも桃の木から五つもいで、それを七人で食べよります」

「喧嘩《けんか》にならぬのか」と訊くと、何人もが笑い声を立てた。それにはかまわず、目で先を促す。

「なりません」

「岩吉の家には工夫がありそうじゃな。絵でもって皆に教えてくれぬか」

前へ出てくるように A 招きをした。すぐに立ち上がらぬのはわかっているので、また待った。
「岩吉、わしも教えてもらいたいがよ」
渋々《しぶしぶ》ながらも、ようやく前に出てきた。藍木綿《あいもめん》の着物は窮屈《きゅうくつ》そうで、手首や太いふくらはぎ剥《む》き出しだ。日なたの草の匂《にお》いがする。白墨を渡《わた》すと、岩吉はしばし黒板の前に佇《たたず》み、そして三つの桃にのろのろと C シャセンを引いた。引いていない桃も二つある。
「ほう。これはいかなる分け方じゃ」
「一個まるまるを父ちゃんに食べてもろうて、あとの三つを半分ずつ、祖父《じい》ちゃんと祖母《ばあ》ちゃん、わしと弟、妹二人で分けるがです」
「すると、一個余る勘定《かんじょう》になるが」
「はい。母ちゃんに供えます。仏前に」
思わず目尻《めじり》が下がった。「そうか」と何度もうなずき、席に戻《もど》るように掌《てのひら》で指し示す。岩吉が腰《こし》を下ろすのを見届けてから、「えいことを教えてもろうた」と皆を見回した。
「えい分け方じゃ。それに、皆、この絵をよう見てみいや。五という数は一が五つあるだけでできちゅうわけじゃないことがわかるろう。一と一、それに（ X ）が六つあっても、五になる。他にもいろんな数が潜《ひそ》んじょりそうじゃのう、面白いのう」
生徒らはじっと息を詰めて B を凝《こ》らし、「うちは四人じゃから」と分け方を考え始めた。
「一つ余るき、それを四分の一ずつ、また分ける。ということは、一が四つに、四分の一が四つでも、五になる」
発見した。そんな目をして、頬を輝かせている。
富太郎は、その感触《かんしょく》を忘れてくれるなと願いながら教場を見回した。
最初は伝えることに懸命《けんめい》だったのだ。この世がいかに面白い事どもでできているか、生徒らに知ってほしかった。けれど一方的に言葉を発しても、持っている桶《おけ》の大きさがそれぞれ異なることに気づかされた。新しいことを三つ学んだら、後はもう溢《あふ》れてしまう桶もある。そこで、桶が一杯《いっぱい》になった時分に、こうやって問いかけることにした。
　教えること、すなわち一方的に伝えることではない。教えることは、自らで何かに辿《たど》り着く瞬間《しゅんかん》を辛抱《しんぼう》強く待つことでもある。思い起こせば、※目細谷《めぼそだに》の伊藤塾《いとうじゅく》の蘭林《らんりん》先生はよく問い、よく待ってくれた師だった。

「ちなみに桃は英語でピイチという。ペルシアという異国の名前が語源じゃ。中国では古来、仙木《せんぼく》として扱《あつか》われ、日本でも邪気《じゃき》を払《はら》うと信じられてきた。『古事記』という書物に出てくるぞ。伊弉諾尊《いざなぎのみこと》が投げつけて黄泉醜女《よもつしこめ》を退散させた話は前にもしたろう。あれが桃じゃ。旧幕時代は諸藩《しょはん》が競って桃を作らせたゆえ、※産物帖《さんぶつちょう》を見渡しても柿《かき》、梨に次いで桃が多い」
　そこまでを話したが、教場は鴨《かも》の雛《ひな》のような声で沸《わ》き返っている。誰《だれ》も前を向いておらず、岩吉も隣《となり》の席の男児らと盛んに話し込んでいるではないか。
「おおい、聞きゆうかあ」

　富太郎はやれやれと窓外《そうがい》へ視線を投げた。五月の木々が青く赤く芽吹き、風も颯爽《さっそう》と吹《ふ》く。

（朝井まかて『ボタニカ』による）

※　上等小学……当時の小学校は下等四年、上等四年という八年制だった。
※　御一新……明治維新のこと。
※　目細谷の伊藤塾の蘭林先生……富太郎が以前通っていた私塾《しじゅく》の教師。
※　産物帳……各地域で見られる動植物についてまとめた本。

問一 〰〰〰 a〜cについて、漢字は読みをひらがなで答え、カタカナは漢字に直しなさい。

問二 A ・ B に体の一部を表す適当な語を、それぞれ漢字一字で補いなさい。

問三 ——①「岩吉は俯いて、肩や腕をもぞもぞと動かすばかりだ」とありますが、その理由として最も適当なものを次の**ア**〜**エ**から選び、記号で答えなさい。

ア 問われた内容が自分にとっては難しく、教師の富太郎と同い年でありながら答えられないことを恥《は》ずかしく思ったから。

イ 自分よりも身分の高い生徒に見つめられて緊張《きんちょう》すると同時に、百姓の子であることを馬鹿にされているように感じたから。

ウ 発言する機会が少ない身分として生まれ育ち、身分制度がなくなった今でも人前で発表することに抵抗《ていこう》を感じているから。

エ 簡単な問題ではあるが、自分が正しい答えを人前で発表することで周囲からどのような仕打ちを受けるかわからないから。

問四 ——②「サムシングを孕んでいる」とありますが、「サムシング」とはここではどのようなものだと考えられますか。最も適当なものを次の**ア**〜**エ**から選び、記号で答えなさい。

ア 頭の中ではしっかりとした言葉で表現できているが、それを誰かに伝えようとすると上手く言葉にできない曖昧《あいまい》なもの。

イ 当たり前の考え方ではたどり着くはずのない大きな誤りで、周囲から笑われてしまうようなどうしようもないアイデア。

ウ 求められている答えではないが、新たな考え方やこれまで気がつかなかったことを発見するきっかけとなるような発想。

エ 教師が求めている正しい答えであるだけでなく、周囲の生徒の予想を上回る驚きや発見を内に含む正答をこえる考え方。

問五 ——③「熟柿のごとき」とありますが、具体的にはどのようになることを喩《たと》えたものですか。十字程度で説明しなさい。

問六 （ X ）に入る適当な語句を、本文の表記を踏《ふ》まえて答えなさい。

問七 □で囲まれた部分を作者が描いたねらいとして考えられるものを次の**ア**～**エ**から一つ選び、記号で答えなさい。

ア 富太郎の豊富な知識を読者に印象づけつつ、世界の面白さを生徒に伝えることのできる教師としての資質を証明しようとした。

イ 難しい話は聞こうともせず自らの興味のままに話し続ける生徒の姿を描くことで、百姓の学びの実態を読者に示そうとした。

ウ 『古事記』の引用で学びの本質は歴史学習にあると示しながらも、それを教える難しさに苦悩《くのう》する教師の姿を描こうとした。

エ 一方的に知識を教えこむのではなく、生徒が自ら発見する学びを創り出すことこそ教えることの本質だと印象づけようとした。

四

次の――のカタカナを漢字に直しなさい。

① 思いがけない試合のテンカイ。

② 神社のユライを調べる。

③ 「お父様はごザイタクですか。」

④ 今日は午後からのキンムである。

⑤ テマのかかる料理が出てきた。

⑥ 地域で広まっているメイシンに私までとらわれてしまった。

⑦ 途中《とちゅう》の計算式をハブいて解答した。

⑧ 日々のささやかなイトナみ。

⑨ 商品のホウソウはできるだけ簡単にした。

⑩ 市長の主張にサンドウする。

令和5年度

奨学生・専願生

入 学 試 験 問 題

算　　数

（45分）

注意事項

1. 試験開始の合図があるまではこの問題の冊子《さっし》を開いてはいけません。
2. 試験開始の合図があったら問題冊子の中にある解答用紙を取り出し，受験番号を書く欄《らん》に受験番号を記入してください。名前を記入する必要はありません。
3. 定規とコンパスの使用は認《みと》めますが，分度器つき定規・分度器つきコンパスの使用はできません。
4. 分数については約分できるものは約分し，比については最も簡単な整数の比で答えてください。
5. 答えはすべて解答用紙に記入してください。

熊本学園大学付属中学校

1 次の $\square$ にあてはまる数を，それぞれ答えなさい。

(1) $11\times9-7\times13=\square$

(2) $0.73\times3.7=\square$

(3) $27.14\div0.59\div23=\square$

(4) $\dfrac{3}{13}\div\dfrac{1}{3}-\dfrac{1}{7}\times\dfrac{3}{13}=\square$

(5) $\left(\dfrac{5}{6}-\dfrac{1}{4}\right)\div0.25-(1.6-0.35)\times\dfrac{16}{9}=\square$

(6) $18\times27+72\times82+18\times45=\square$

(7) $\left(\dfrac{2}{5}+\square\right)\times\dfrac{21}{58}=\dfrac{3}{10}$

(8) $2.4\,m^2$ は $\square$ cm^2 です。

2 次の各問いに答えなさい。

(1) $\frac{50}{101}$，0.51，$\frac{50}{99}$ を大きい方から順に並べなさい。

(2) 3 でわっても 4 でわっても 1 あまる数のうち，100 にもっとも近い数を求めなさい。

(3) ある中学校の今年の入学者は，昨年の入学者数の 130％にあたる 143 人でした。この中学校の昨年の入学者数は何人か求めなさい。

(4) 連続する 5 つの整数があり，その和は 65 です。この 5 つの整数のうち，1 番大きい整数を求めなさい。

(5) 1 個 80 円のおかしをいくつか買い，100 円の箱に入れてもらったところ，代金の合計は 1620 円でした。買ったおかしの個数を求めなさい。

(6) 学さんと園子さんが歩いた道のりの比は 6 : 5 で，歩いた時間の比は 5 : 4 でした。このとき，学さんと園子さんの歩く速さの比を求めなさい。

3 先生と学さんと園子さんの３人が階段の上り方について話しています。
次の会話文を読み，[ア]～[ウ]にあてはまる数をそれぞれ答えなさい。

学さん：階段を１歩で１段か２段あがるとき，階段の３段目までの上り方は何通りあるのかな？
園子さん：【１段→１段→１段】，【１段→２段】，【２段→１段】の３通りね。
学さん：なるほど。同じように数えると４段目までの上り方は[ア]通りだね。
先生：よくわかったね，面白いことを考えているね。じゃあ階段の10段目までの上り方は何通りあるか，わかるかな？
学さん：えー！ 数え切れないよー！
先生：それなら，ヒントをあげよう。階段を10段目まで上るとき，最後の１歩は８段目から２段あがるか，９段目から１段あがるかのどちらかだよね。
園子さん：ということは，10段目までの上り方は，８段目までの上り方と９段目までの上り方の数をたせばいいってことかな。
学さん：たしかに，さっき数えた４段目までの上り方も，２段目までの上り方と３段目までの上り方の数をたした数と同じになっているね！
園子さん：わかった！ ５段目までの上り方も同じように考えて，
それをくり返していくと……，10段目までの上り方は[イ]通りね！
先生：そのとおり！ここまでの話を理解できたなら，階段を１歩で１段か２段か３段あがるときの，10段目までの上り方もわかるんじゃないかな？
学さん：すこし大変だけど…，[ウ]通りかな？
先生：正解！ よくできたね！

4 あるテーマパークに，定員が 40 人で 5 分ごとに発車するジェットコースターがあります。このジェットコースターが最初に発車したときに，順番待ちの列には 352 人が並んでいました。その後も列には，ジェットコースターが発車してから次に発車するまでの間に，8 人ずつ加わり続けます。このジェットコースターは，定員の人数よりも列に並んでいる人数が多いときは，必ず定員の人数を乗せ，そうでないときは，並んでいる人をすべて乗せて発車します。このとき，次の各問いに答えなさい。

(1) 最初の発車から 20 分後にジェットコースターが発車したとき，順番待ちの列に並んでいた人の人数を求めなさい。

(2) 順番待ちの人がいなくなるのは，最初の発車から何分後か求めなさい。

(3) このジェットコースターに乗る人数を定員の半分までに制限したとすると，このジェットコースターが最初に発車したときに，順番待ちの列には 372 人が並んでいることになります。その 372 人の最後の 1 人を乗せたジェットコースターが発車したときに，順番待ちの列に並んでいる人の人数を求めなさい。

5 次の各問いに答えなさい。ただし，円周率は3.14とします。

(1) 右の図の角 x の値を求めなさい。
ただし，AB = AC，BC = CD である。

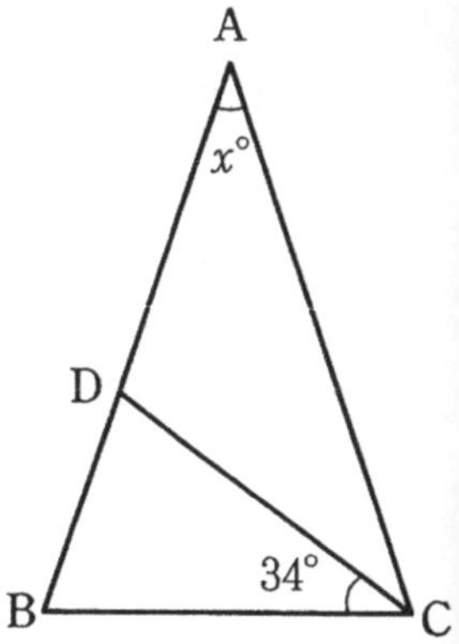

(2) 図1の立方体を図2のように点線で切り，27個の立方体に分解しました。
そのとき，27個の立方体の表面積の合計は，もとの立方体の表面積の何倍になるか求めなさい。

図1

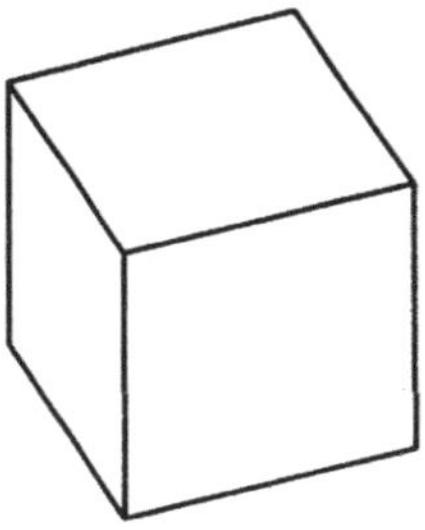

図2

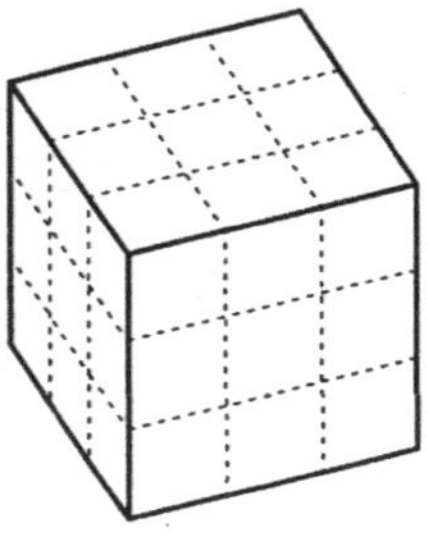

(3) 右の図のように，半径4cmの円と，その円の円周を8等分する点があります。色をつけた部分の面積を求めなさい。

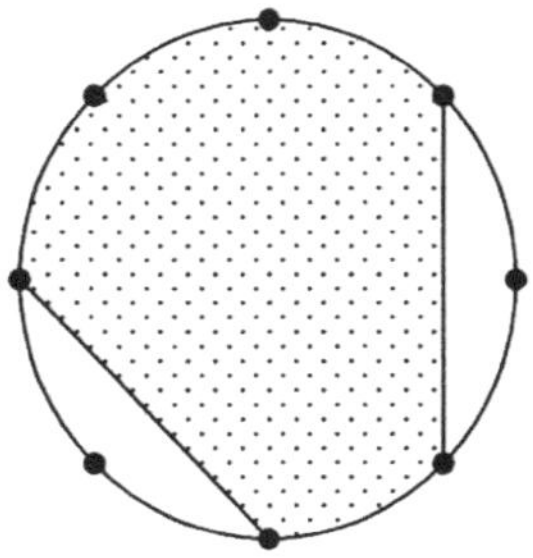

(4) 右の図はある立体の展開図です。この展開図は半円と長方形でできています。この展開図を組み立ててできる立体の体積を求めなさい。

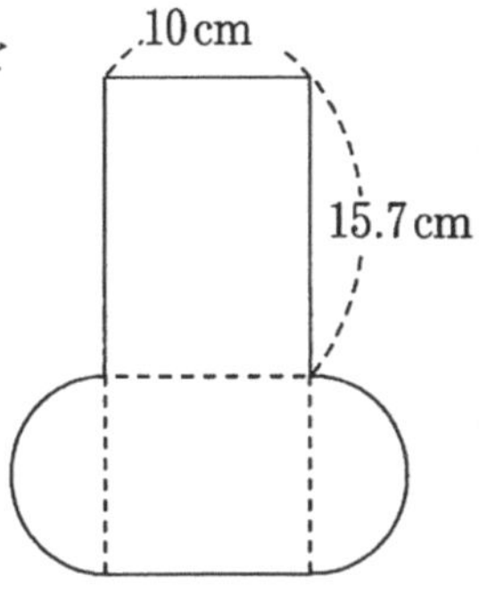

令和5年度

奨学生・専願生

入 学 試 験 問 題

理　　科

(35分)

注意事項

1. 試験開始の合図があるまではこの問題の冊子《さっし》を開いてはいけません。

2. 試験開始の合図があったら問題冊子の中にある解答用紙を取り出し，受験番号を書く欄《らん》に受験番号を記入してください。名前を記入する必要はありません。

3. 定規とコンパスの使用は認《みと》めますが，分度器つき定規・分度器つきコンパスの使用はできません。

4. 漢字で書かなければならないところは漢字で書いてください。誤字・あて字・かな書きは正解とは認めません。

5. 答えはすべて解答用紙に記入してください。

熊本学園大学付属中学校

1 次の学さんと園子さんの会話文を読み，下の各問いに答えなさい。

学 さ ん：園子さん。夏休みの自由研究は何をしたの？
園子さん：私は電磁石《でんじしゃく》をつくって，その性質について研究したよ。
学 さ ん：へ〜！そうだったんだ。・・・ところで，電磁石って何だっけ？
園子さん：えっ，学さん！学校の理科の授業でつくったじゃない！ストローにエナメル線を何回もまいたものを（　①　）と言って，電流を流すと磁石みたいになったでしょ？
学 さ ん：あ！あの虫ピンが引きよせられた実験か！思い出した！
園子さん：そう，その実験よ！私はエナメル線のまき数や乾電池の数を変えたり，ストローの中に入れるしんの種類を変えたりして，引きよせられる虫ピンの数を調べてみたよ。
学 さ ん：どんな結果が出たの？
園子さん：えっとね，自由研究をまとめたレポートがあるから，それで説明するね。

【実験】
- 長さ 1.5mのエナメル線をすき間なくストローにまいて，次のa～hの電磁石をつくる。
- 鉄，アルミニウム，ガラスのしんの長さはすべて同じであり，乾電池もすべて同じ種類である。
- a～hの電磁石に引きよせられた虫ピンの数を調べる。

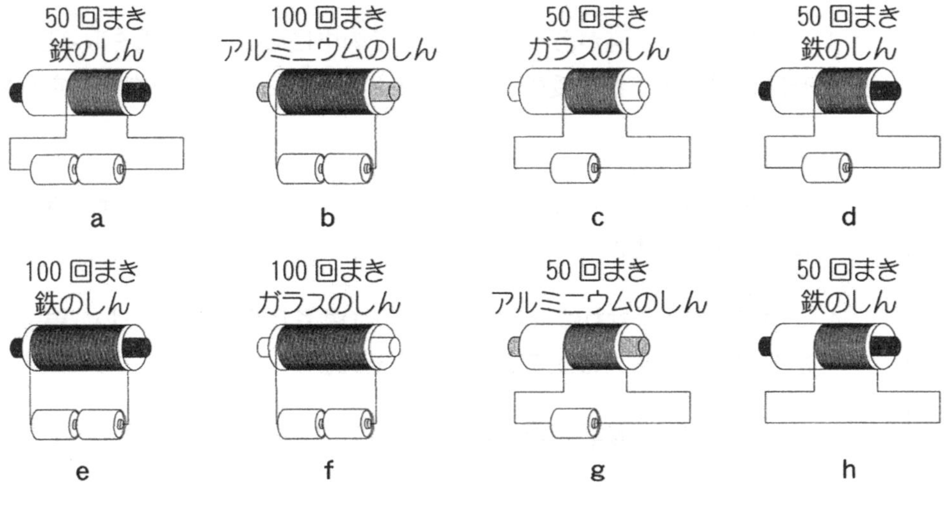

【結果】 a～hの電磁石に引きよせられた虫ピンの数は，以下の表のようになった。

電磁石	a	b	c	d
虫ピンの数（本）	8	8	2	4
電磁石	e	f	g	h
虫ピンの数（本）	16	8	2	0

学 さ ん：8種類も電磁石をつくったんだね。（　②　）を比べると，乾電池の数が多い方が，虫ピンがよく引きよせられていることが分かるね。

園子さん：そうね。じゃあ，エナメル線のまき数と引きよせられる虫ピンの数の関係を調べるためには，どれとどれの電磁石を比べればよいか分かる？

学 さ ん：（　③　）かな。

園子さん：（　③　）を比べると，しんは同じだけど，乾電池の数も違うから比べることができないよ。

学 さ ん：あ，本当だ。じゃあ，乾電池の数をそろえて（　④　）だとエナメル線のまき数と引きよせられる虫ピンの数の関係が分かるね！

園子さん：学さん。しんをよく見て。しんが違ったら，それもまた比べられないよ。

学 さ ん：また間違ってしまった・・・。答えは（　⑤　）だね。今度こそ正解？

園子さん：そう，正解！何かを比べるときは，条件を1つだけ変えることが大切だね。

⑴　会話文中の①にあてはまる言葉を答えなさい。

⑵　会話文中の②～⑤にあてはまる電磁石の組み合わせとして正しいものを次の**ア**～**コ**からすべて選び，記号で答えなさい。

ア　aとb　　**イ**　aとc　　**ウ**　aとd　　**エ**　aとe　　**オ**　aとf

カ　aとg　　**キ**　bとf　　**ク**　bとg　　**ケ**　cとf　　**コ**　dとe

⑶　この実験結果をもとに，園子さんが用いた材料と同じものを用いて，次の電磁石をつくって実験を行うとき，引きよせられる虫ピンの数はいくつになると考えられますか。

75回まき
アルミニウムのしん

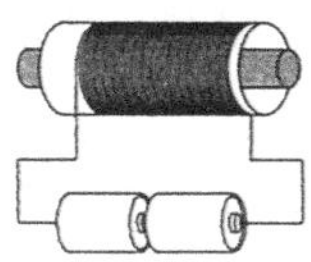

2 次の１，２の各問いに答えなさい。

１ **表**は，熊本市内の観測点における1920年と2020年の３ヶ月ごとの平均気温を示したものです。

次の各問いに答えなさい。

表

	1〜3月	4〜6月	7〜9月	10〜12月
1920年	6.6℃	18.0℃	26.0℃	12.8℃
2020年	10.0℃	20.1℃	26.7℃	13.6℃

(1) **表**より，1920年と2020年を比べたとき，最も平均気温が上昇した期間はいつですか。次の**ア**〜**エ**から１つ選び，記号で答えなさい。

ア 1〜3月　**イ** 4〜6月　**ウ** 7〜9月　**エ** 10〜12月

(2) 熊本市の観測点だけでなく，地球全体で平均気温の上昇が起こっています。その主な原因となるものは，大気中に含まれる温室効果ガスの増加といわれています。温室効果ガスを，次の**ア**〜**オ**から２つ選び，記号で答えなさい。

ア アンモニア　**イ** フロン　**ウ** 水素　**エ** ちっ素　**オ** 二酸化炭素

(3) (2)の気体の増加によって引き起こされると考えられる様々な現象として適当なものを，次の**ア**〜**オ**から２つ選び，記号で答えなさい。

ア 海面水位が上がる。

イ ヒートアイランド現象によって熱帯夜が増える。

ウ 昼間の時間が長くなることで平均気温が上昇する。

エ 地表へ届く紫外線の量が増える。

オ 南極の氷が大きくなる。

(4) 地球温暖化対策として注目されている再生可能エネルギーを用いた発電を３つ書きなさい。

2　阿蘇《あそ》山についての文を読み，次の各問いに答えなさい。

熊本にある①阿蘇山とは現在も噴火を続けている火山で，②阿蘇カルデラと外輪山からなります。阿蘇カルデラの大きさは東西方向に約 18km，南北方向に約 25km であり，世界最大級のカルデラです。

(1)　下線部①のような過去 1 万年以内に噴火したことがある火山を一般に何といいますか。

(2)　九州の中で，過去 1 万年以内に噴火したことがある火山を，次の**ア**～**オ**から 2 つ選び，記号で答えなさい。

ア　雲仙岳《うんぜんだけ》　　**イ**　金峰山《きんぼうざん》　　**ウ**　桜島　　**エ**　立田山　　**オ**　宮之浦岳《みやのうらだけ》

(3)　下線部②はどのようなものですか。最も適当なものを，次の**ア**～**カ**から 1 つ選び，記号で答えなさい。

ア　火山付近で断層が繰り返し動いてできた，大きな半球状のもり上がり。

イ　火山が噴火してもり上がってできた，大きな半球状のもり上がり。

ウ　火山付近にある川の流れによってけずられてできた，大きな円形のくぼみ。

エ　火山の表面が風化して火口周辺が雨水などでけずられてできた，大きな円形のくぼみ。

オ　円形に並んだ火山が噴火してもり上がることでできた，中央の大きな円形のくぼみ。

カ　火山の噴火により地面がくずれ落ちてできた，大きな円形のくぼみ。

3　次の１，２の各問いに答えなさい。

１　６種類の水溶《よう》液Ａ～Ｆが６つのビーカーにそれぞれ入っています。これらの水溶液は，塩酸，食塩水，水酸化ナトリウム水溶液，炭酸水，石灰水，砂糖水のどれかです。Ａ～Ｆの水溶液が何であるかを調べるために次の**実験**１～４を行い，その結果を**表**にまとめました。

実験１　Ａ～Ｆの水溶液をガラス棒でかき混ぜたときのようすを観察しました。

実験２　Ａ～Ｆの水溶液をガラス棒につけ，赤色リトマス紙に１滴《てき》ずつたらし，リトマス紙の色の変化を調べました。

実験３　Ａ～Ｆの水溶液をガラス棒につけ，青色リトマス紙に１滴ずつたらし，リトマス紙の色の変化を調べました。

実験４　Ａ～Ｆの水溶液を蒸発皿に少量とり，**図**のようにガスコンロで加熱して水を蒸発させたときのにおいを調べました。

図

表

	A	B	C	D	E	F
実験１	変化なし	変化なし	あわが出た	変化なし	変化なし	変化なし
実験２	青色に変わった	変化なし	変化なし	青色に変わった	変化なし	変化なし
実験３	変化なし	変化なし	赤色に変わった	変化なし	赤色に変わった	変化なし
実験４	においなし	においあり	においなし	においなし	においあり	においなし

⑴　Ａ～Ｆの水溶液のうち，酸性であるものを２つ選び，記号で答えなさい。

⑵　**実験４**の結果，蒸発皿に固体が残るものはどれですか。Ａ～Ｆからすべて選び，記号で答えなさい。

⑶　⑵で蒸発皿に残った固体には色の黒いものがありました。それはＡ～Ｆのどの水溶液を加熱したときのものですか。Ａ～Ｆから１つ選び，記号で答えなさい。

⑷　次の**ア**～**エ**の操作のうち，Ａの水溶液とＤの水溶液を見分けるために必要な操作はどれですか。適当な操作を１つ選び，記号で答えなさい。

ア　ＡとＤの水溶液にＢの水溶液を加える。
イ　ＡとＤの水溶液にＣの水溶液を加える。
ウ　ＡとＤの水溶液にＥの水溶液を加える。
エ　ＡとＤの水溶液にＦの水溶液を加える。

⑸　**実験**１～４以外の操作でも，次の**ア**～**エ**の操作のどれかを行うことで，Ａ～Ｆの水溶液から塩酸を見分けることができます。その操作はどれですか。最も適当な操作を１つ選び，記号で答えなさい。

ア　Ａ～Ｆの水溶液にアルミニウム片を加える。
イ　Ａ～Ｆの水溶液に銅片を加える。
ウ　Ａ～Ｆの水溶液にスチールウールを加える。
エ　Ａ～Ｆの水溶液に金箔《ぱく》を加える。

2　同じ濃《こ》さの塩酸が入った 6 つの試験管を用意しました。それぞれの試験管に入れた塩酸の量は下のとおりです。それぞれの試験管にマグネシウムという金属を1g 加えたところ，マグネシウムは表面からあわを出して溶《と》け始めました。十分に時間がたった後に試験管を観察し，試験管に入れた塩酸の量と溶け残ったマグネシウムの重さの関係をまとめると，次の**表**のようになりました。

表

試験管に入れた塩酸の量〔mL〕	10	30	50	70	90	110
溶け残ったマグネシウムの重さ〔g〕	0.88	0.64	0.40	0.16	0	0

(1)　**表**をもとにして，試験管に入れた塩酸の量と溶けたマグネシウムの重さの関係を表すグラフを書きなさい。

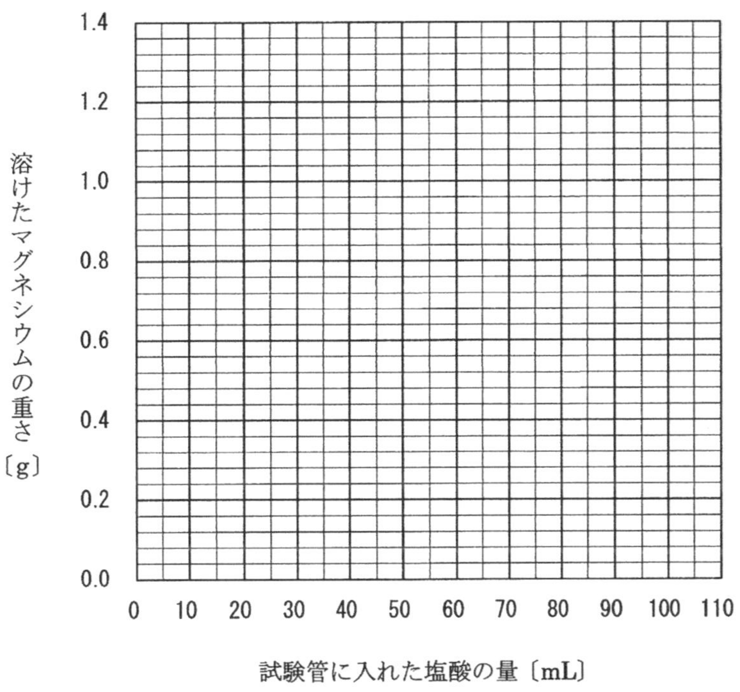

(2)　この**実験**において，1g のマグネシウムをすべて溶かすためには少なくとも何 mL の塩酸が必要であると考えられますか。最も適当なものを次の**ア**～**オ**から 1 つ選び，記号で答えなさい。

ア　73mL　　**イ**　83mL　　**ウ**　93mL　　**エ**　103mL　　**オ**　113mL

4 学さんと園子さんは探究活動で植物の光合成について調べました。次の会話文を読み，下の各問いに答えなさい。

学 さ ん：江津湖でたくさんクロモをとってきたよ！

園子さん：わっ！いっぱいとってきたね。きれいな緑色の葉をしていて，よく光合成していそう。けんび鏡で見てみましょう。

学 さ ん：すごい！**図1**のような<u>A緑色の粒</u>が動いているのがよくわかる。でも，クロモの葉が光合成していることを確かめるためにはどんな実験をすればいいかなぁ？

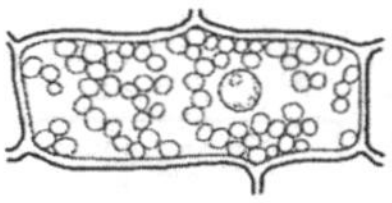

図1

園子さん：光合成が行われると，デンプンがつくられることを授業で学習したよね。まずはデンプンができているかどうかについて注目すべきよ！

学 さ ん：よし！じゃあ，（　①　）を使おう！

園子さん：（　①　）を使うと光合成でつくられたデンプンが（　②　）色に変色するはずだからよく観察してね。

学 さ ん：あれ？あまり変色がわからないや。何かおかしかったのかな…。

園子さん：もしかすると光合成の材料が足りなかったのかも。クロモと江津湖の水を試験管に入れて，（　③　）をしてもう少し光を当ててみましょう。

学 さ ん：今度はどうかな…。お！今度は（　②　）色に変色した。（　①　）で変色したクロモの葉をけんび鏡で見ると**図2**のように見えたよ。小さな粒の色が変わっているのがわかった！

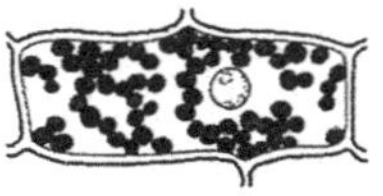

図2

園子さん：そういえば，（　③　）をしてから光を当てたらクロモの茎《くき》の切り口から泡がたくさん出てきたんだけど，これは何だろうね。

学 さ ん：泡を集めてみたら何かわかるかもしれない。でもどうやって集めようかな…。

園子さん：色々考えてみましょう！私たちの探究活動は始まったばかりよ！

(1) 下線部**A**の名前を答えなさい。

(2) ①・②に当てはまる薬品や色を答えなさい。

(3) ③には，ある実験操作が入ります。どのような操作をすればよいと考えられますか。次の**ア**～**オ**からすべて選び，記号で答えなさい。

ア　酸素ボンベから酸素を入れる操作

イ　ちっ素ボンベからちっ素を入れる操作

ウ　二酸化炭素ボンベから二酸化炭素を入れる操作

エ　ストローでたくさん息をふきこむ操作

オ　石灰水を入れる操作

学さんと園子さんが光合成の実験を進めていると，クロモが光合成をするとクロモの茎の切り口から泡が出ることに気づき，次の**実験**を行いました。**表**はその結果をまとめたものです。

実験

図3のように（　③　）の操作をした水そうにクロモを入れて，B クロモの入った水そうと電球の間に水の入った水そうを置き，横から白熱電球の光を当てました。光の強さを少しずつ強くしながら，クロモの茎の切り口から出る泡の数を記録しました。また，泡を集めた試験管に火のついた線香を入れるとはげしく燃えました。

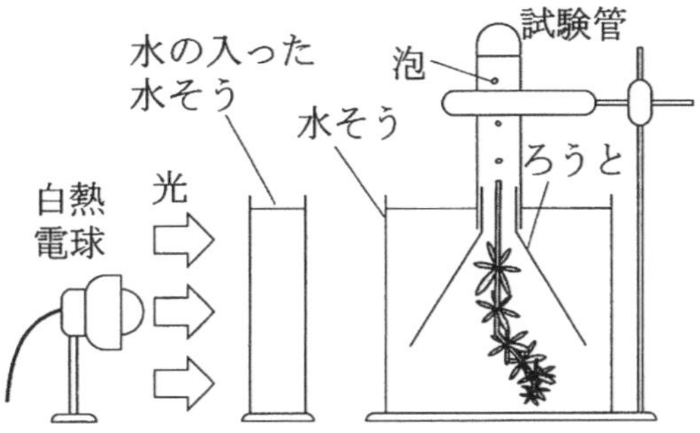

図3

表

クロモの入った水そうに届く光の強さ〔0～5〕	0	1	2	3	4	5
1分間に出た泡の数〔個〕	0	45	90	100	100	100

(4)　下線部Bの操作を行った理由として最も適当なものを次の**ア**～**オ**から1つ選び，記号で答えなさい。

ア　電球の光をより強くするため。
イ　実験を行う部屋の水分を一定に保つため。
ウ　電球の光をクロモに均等に当てるため。
エ　クロモの入った水そうの温度を一定に保つため。
オ　切り口から出る泡を見やすくするため。

(5)　次の文は，**実験**の結果から，泡の数，光の強さの関係について考察したものです。④～⑦に当てはまる言葉を答えなさい。

> 光の強さが3までは，光が強くなるほど，泡の数は（　④　）ことがわかり，光の強さが3以上になると，（　⑤　）になった。集めた気体に火のついた線香を入れると，はげしく燃えたことから，泡の正体はクロモの（　⑥　）というはたらきによってつくられた（　⑦　）であると考えることができる。

令和5年度

奨学生・専願生

入学試験問題

社　会

（35分）

注意事項

1. 試験開始の合図があるまではこの問題の冊子《さっし》を開いてはいけません。

2. 試験開始の合図があったら問題冊子の中にある解答用紙を取り出し，受験番号を書く欄《らん》に受験番号を記入してください。名前を記入する必要はありません。

3. 漢字で書かなければならないところは漢字で書いてください。誤字・あて字・かな書きは正解とは認《みと》めません。

4. 答えはすべて解答用紙に記入してください。

熊本学園大学付属中学校

1 次の各問いに答えなさい。

1　マナブさんとソノコさんは，小麦や米などの穀物《こくもつ》について，さまざまな面から調べてみることにしました。マナブさん，ソノコさん，先生の3人の会話文を読み，あとの各問いに答えなさい。

マナブ：私は，小麦，米，トウモロコシが世界の三大穀物とよばれていることを知り，3つの穀物の世界全体の生産量について，1961年から2020年の変化を調べて，**資料1**を作りました。

資料1　小麦，米，トウモロコシの世界全体での生産量の変化（1961～2020年）

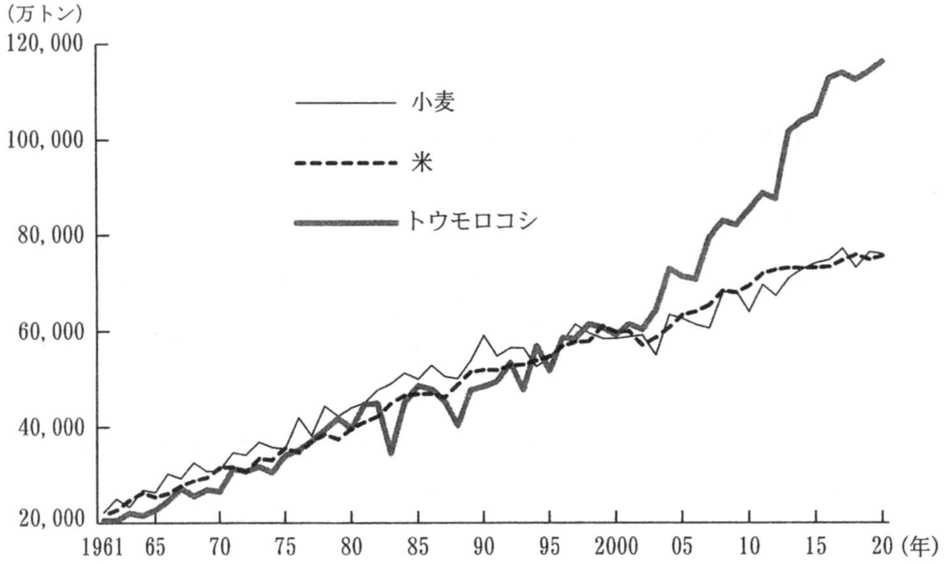

FAOSTATより作成。

ソノコ：私は，小麦と米について，生産量の多い国を調べ，上位５か国を**資料２**にまとめました。

資料２　小麦と米の生産量の多い上位５か国

	小麦			米		
	国	生産量	割合	国	生産量	割合
１位	A	13,360	17.4	A	20,961	27.7
２位	B	10,360	13.5	B	17,765	23.5
３位	ロシア	7,445	9.7	インドネシア	5,460	7.2
４位	アメリカ	5,226	6.8	バングラデシュ	5,459	7.2
５位	フランス	4,060	5.3	ベトナム	4,345	5.8
世界計		76,577	100.0		75,547	100.0

生産量の単位：万トン，割合の単位：％。
統計年次は 2019 年。地理統計要覧より作成。

先生　：**資料１**と**資料２**からどのようなことが読み取れるか考えていきましょう。

マナブ：**資料１**を作りながら，３つの穀物の生産量が，どれも年々増加していくのは，世界の（　①　）の増加に対応しているからだと考えました。

ソノコ：**資料１**を見ると，2000 年頃からトウモロコシの生産量が飛び抜けて増加していきます。この背景には，経済成長の著《いちじる》しい国で肉の消費量が増加して，家畜《かちく》の飼料となるトウモロコシの需要《じゅよう》が増加したことや，アメリカ合衆国をはじめ，いくつかの国々で　X　ことがあると思います。

先生　：なるほど，そうですね。では**資料２**からはどのようなことが読み取れますか。

マナブ：**資料２**を見ると，米と小麦の両方とも生産量はAとBの国が１位と２位です。

ソノコ：A・Bのどちらもアジアの国です。現在，世界全体にしめるアジアの（　①　）の割合は約 60％です。そして，アジアの人々の多くは，米や小麦を主食にしているようです。

マナブ：ということは，１位のAは（　②　），２位のBは（　③　）です。

先生　：正解ですね。ところで，２人は日本についての資料も作ったのですね。

マナブ：私は，日本の小麦と米の生産量，消費量がどのように変化してきたかを調べ，**資料3**を作りました。

資料3　日本国内の小麦，米の生産量と消費量の変化（1960～2020年）

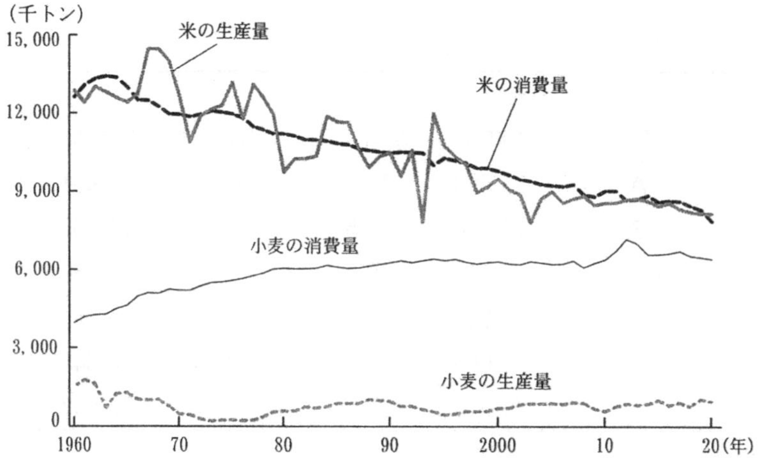

e-statより作成。

ソノコ：私は，日本の都道府県別の小麦と米の生産量を調べました。また，米と小麦を作っている近所の農家の方に，小麦と米の栽培期間について聞き取り調査をしました。それらをまとめて，**資料4**を作りました。

資料4　小麦，米の生産量上位10都道府県（2020年）と小麦，米の栽培期間

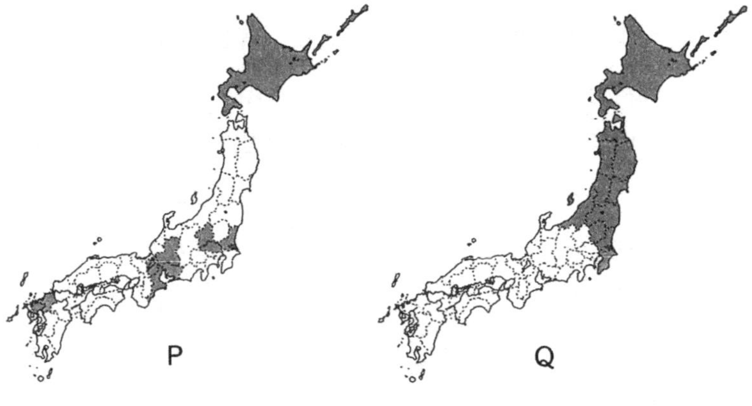

小麦，米の種まき・田植え～収穫までの期間（農家への聞き取り）

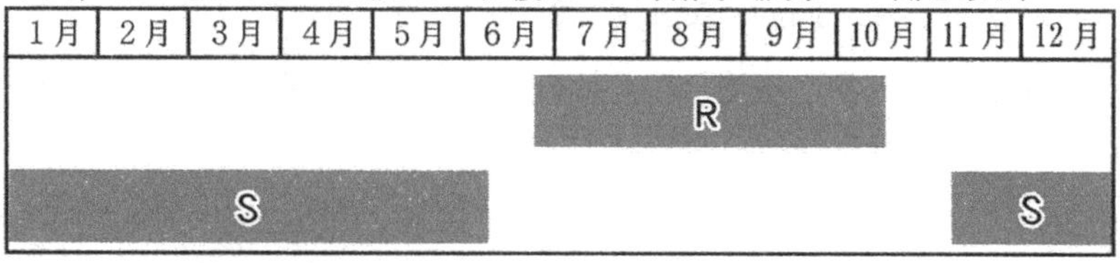

P・Qは地理統計要覧より作成。

教英出版

先生　：では，**資料**3からはどのようなことが読み取れますか。

ソノコ：［　Y　］

先生　：その通りですね。それでは**資料4**はどうでしょう。

ソノコ：**資料**4の地図では，小麦と米の生産量上位10都道府県を示しました。P・Qは小麦・米のどちらかです。また，その下に，農家から聞き取った，種まきまたは苗の植えつけから収穫までの期間を示しました。R・Sは小麦・米のどちらかです。

先生　：マナブさん，米はP・Q，R・Sのそれぞれどちらですか。

マナブ：米は（　④　）です。

先生　：正解です。ところでその農家は，小麦と米は別々の耕地で栽培しているのですか。

ソノコ：いいえ，同じ耕地で栽培しているそうです。

マナブ：ということは（　⑤　）をしているということですね。

先生　：2人とも資料作りから読み取りまでとてもよくできました。

⑴　（　①　）～（　③　）に適当な語や国名を答えなさい。

⑵　［　X　］に適当な語句を20～30字程度で答えなさい。

⑶　次のa・bの文のうち，［　Y　］にあてはまるものはどれですか。下の**ア**～**エ**から正しいものを1つ選び，記号で答えなさい。

a　1960年代に米の消費量が米の生産量を下回り米が余るようになったため，1970年代に入ると政府は米の生産調整を開始しました。

b　小麦の消費量に比べ，小麦の生産量が少ないということは，日本の小麦の自給率は100パーセントをこえているといえます。

ア　a，bのどちらもあてはまる　　**イ**　aだけがあてはまる

ウ　bだけがあてはまる　　**エ**　a，bのどちらもあてはまらない

⑷　（　④　）にあてはまるP・Q，R・Sの組み合わせとして正しいものを，次の**ア**～**エ**から1つ選び，記号で答えなさい。

ア　PとR　　**イ**　PとS　　**ウ**　QとR　　**エ**　QとS

⑸　（　⑤　）にあてはまる適当な語を漢字3文字で答えなさい。

2　日本の電力と工業について次の各問いに答えなさい。

(1)　次の**図１**は，1980年，2000年，2019年の日本の発電量と発電方式別の割合を示したものであり，Ｄ～Ｆは火力発電，原子力発電，水力発電のいずれかです。Ｄ～Ｆの組み合わせとして正しいものを，下の**ア**～**カ**から１つ選び，記号で答えなさい。

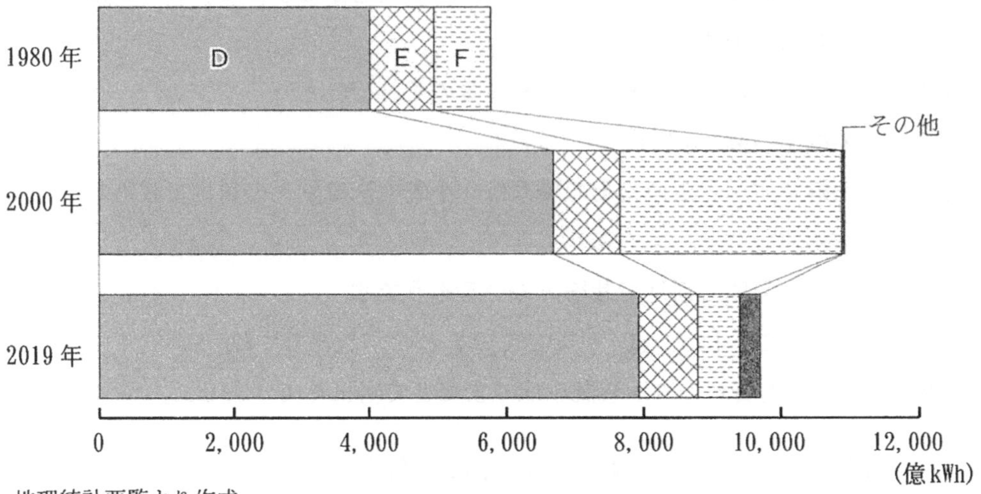

地理統計要覧より作成。

図１

	ア	イ	ウ	エ	オ	カ
D	火力	火力	原子力	原子力	水力	水力
E	原子力	水力	火力	水力	火力	原子力
F	水力	原子力	水力	火力	原子力	火力

(2) 次の**図2**は，日本の工業について，化学工業，情報通信機械器具，食料品，輸送用機械工業のいずれかの出荷額上位5都道府県を示したものです。化学工業にあてはまるものを**ア**～**エ**から1つ選び，記号で答えなさい。

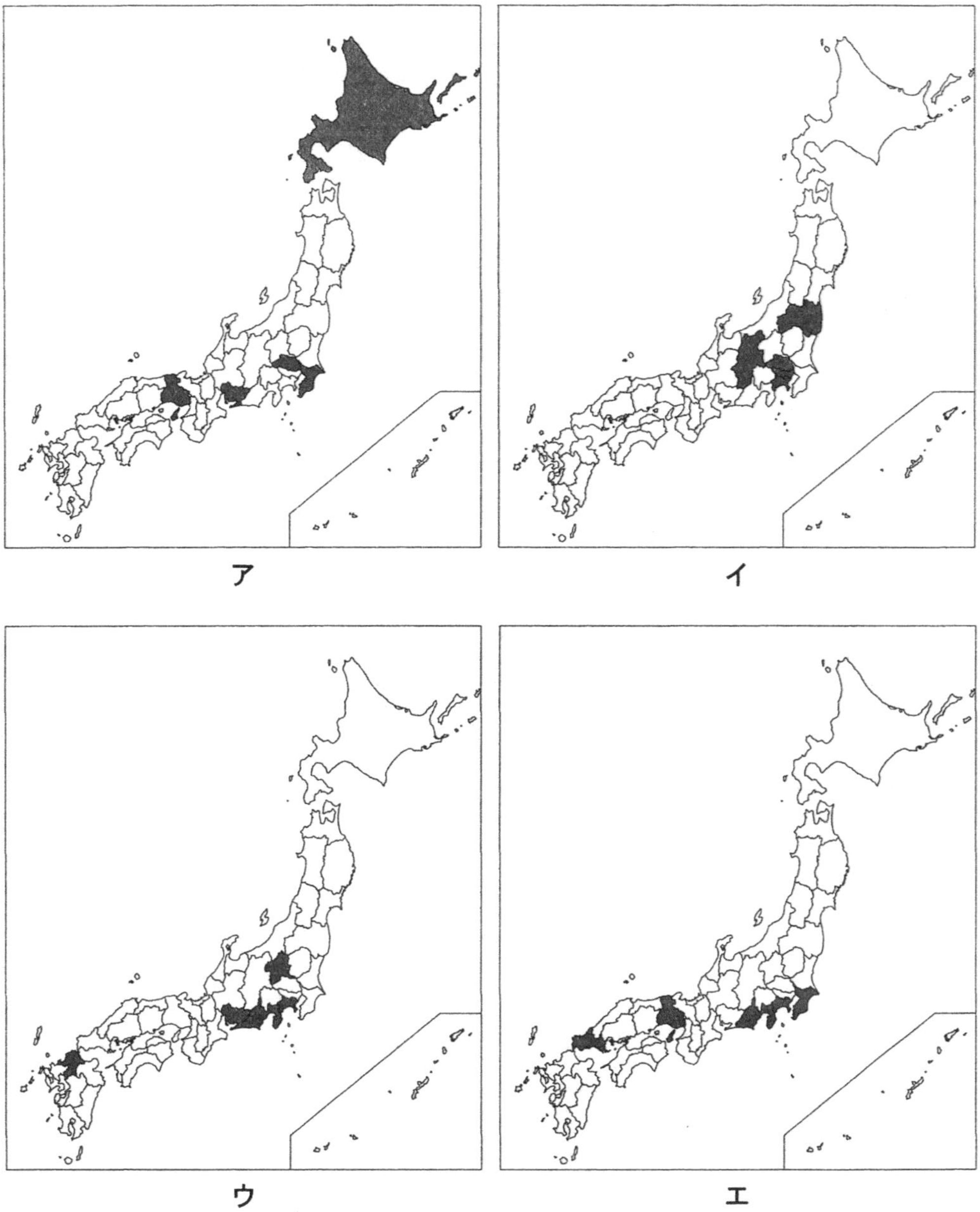

統計年次は2018年。
地理統計要覧より作成。

図2

2 次の各問いに答えなさい。

1　次の資料は，ある学校で修学旅行に向けて作られたしおりの一部です。これについて，あとの各問いに答えなさい。

修学旅行コース（関西歴史めぐり）

目的　：日本の歴史上で活躍した人物にゆかりの深い施設《しせつ》を見学し，理解を深める。

ポイント：歴史の流れが確認できるように，それぞれの**人物が活躍した時代の古い順**に見学地をめぐる。

見学コース

見学地	（そこで学習したい内容）
東寺《とうじ》 空海が天皇から賜《たまわ》り，布教の中心地とした。西寺《さいじ》とともに平安京の入り口に位置していた。	平安京の成り立ちとそのころの仏教について。
⇩	
平等院 藤原道長の子である［ A ］が，来世での幸せを願い建立《こんりゅう》した。極楽浄土にあこがれる貴族の気持ちが表れている。	①藤原氏の政治と貴族の文化について。
⇩	
銀閣 足利義政が別荘として，東山に建てた。敷地《しきち》内にある東求堂《とうぐどう》の部屋のつくりは，後の和室の元となった。	応仁の乱前後の政治や，②そのころの文化について。
⇩	
二条城 徳川家康が京都での居城として築城した。③15代将軍徳川慶喜が大政奉還を表明した場所でもある。	④江戸時代の社会や，江戸時代の京都について。

(1)　［ A ］に当てはまる人名を漢字4字で答えなさい。

(2)　下線部①はどのような政治ですか。次の説明文の［ B ］・［ C ］に当てはまる語句をそれぞれ答えなさい。

娘を［ B ］とすることで，天皇との［ C ］政治。

国語

解答用紙（その１）

令五・奨専

受験番号	評　　点
	※100点満点 （配点非公表）

一

三

一

a かさない

b べる

c

二

A

B

三

四

五

六

七

四

①

②

③

④

⑤

⑥

⑦ いて

⑧ み

⑨

⑩

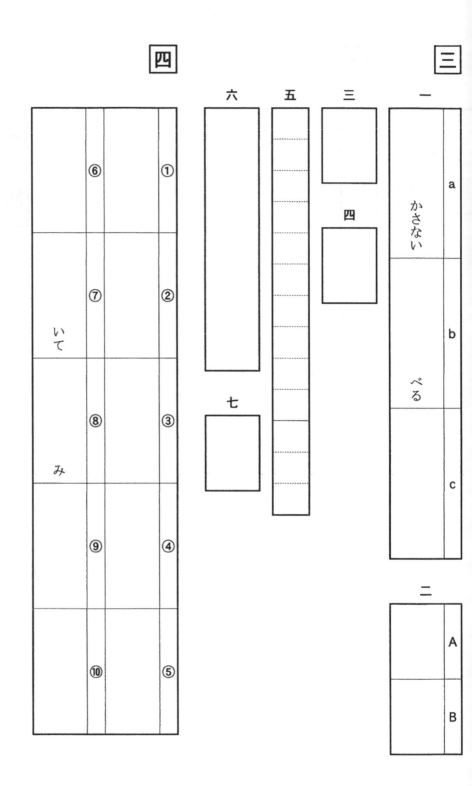

2

(1)	,　　　　,
(2)	
(3)	人
(4)	
(5)	個
(6)	:

※採点欄

5

(1)	
(2)	倍
(3)	cm^2
(4)	cm^3

※採点欄

受験番号	評　　点
	※100点満点 （配点非公表）

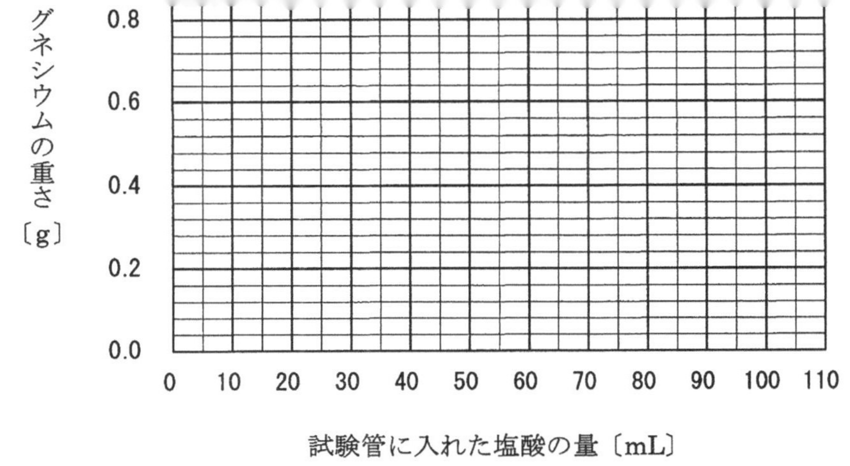

※採点欄

4

(1)	(2)		(3)	(4)
	①	②		

(5)			
④	⑤	⑥	⑦

※採点欄

受験番号	評　　点
	※50点満点 （配点非公表）

教英出版

→ → →

2

(1)	(2)	(3)

3

1

2

※採点欄

3

4

5

6

7

説明	場所

受験番号	評点
	※50点満点 （配点非公表）

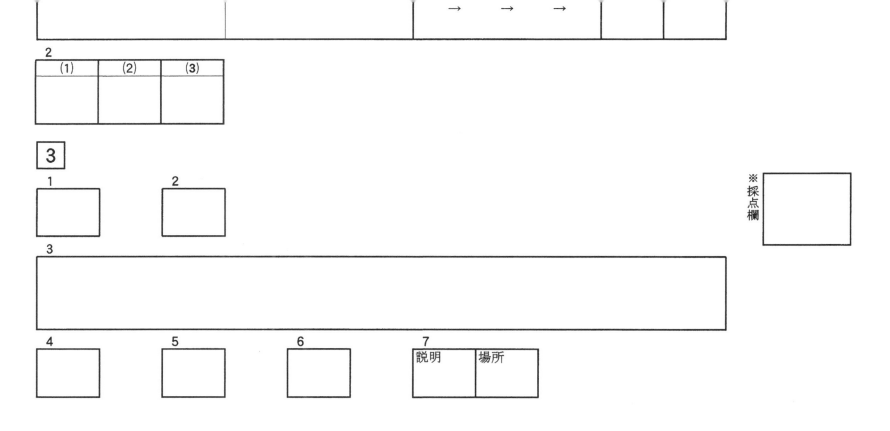

解　答　用　紙

令5. 奨専

社　会

1

※採点欄

1

(1)		
①	②	③

(2)

(3)	(4)	(5)

2

(1)	(2)

2

※採点欄

1

(1)	(2)	
	B	C

【解答

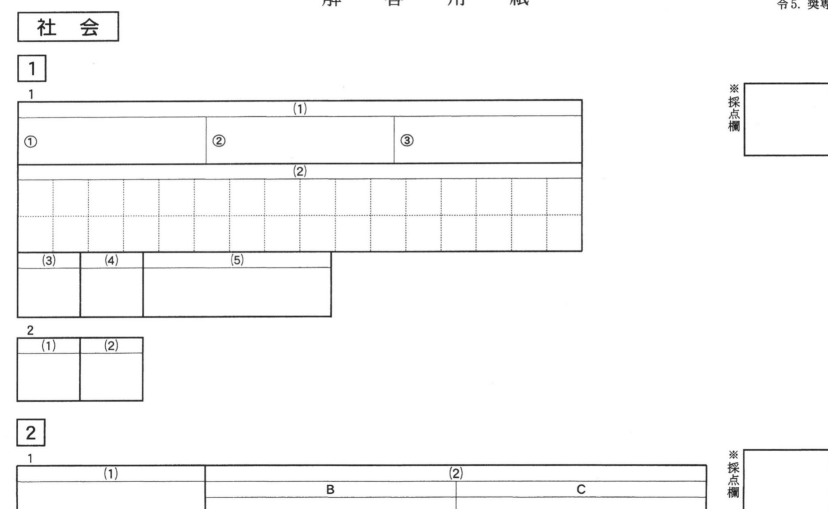

解　答　用　紙

令 5. 奨専

理　科

1

(1)	(2)				(3)
	②	③	④	⑤	
					本

※採点欄

2

1

(1)	(2)		(3)		(4)		

2

(1)	(2)		(3)

※採点欄

3

1

(1)		(2)	(3)	(4)	(5)

2

(1)	(2)

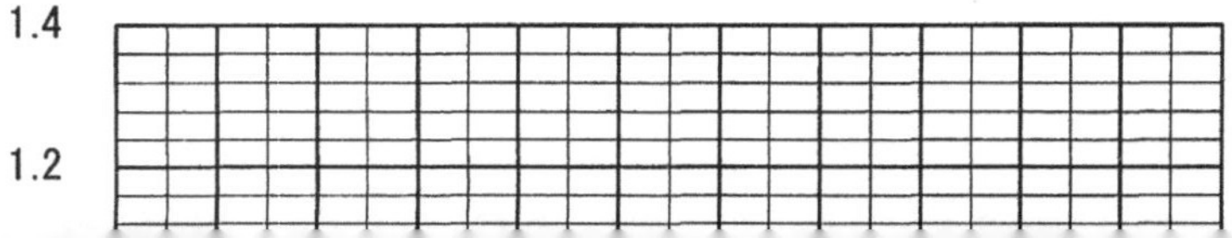

【解答

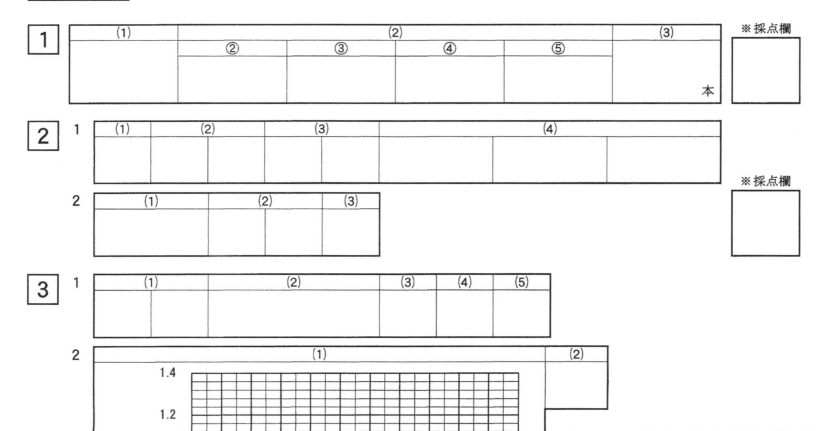

解　答　用　紙

令5. 奨専

算　数

1

(1)	
(2)	
(3)	
(4)	
(5)	
(6)	
(7)	
(8)	

※採点欄

3

ア	
イ	
ウ	

※採点欄

4

(1)	人
(2)	分後
(3)	人

※採点欄

【解答

国語

解答用紙（その2）

令五・奨専

二

一

a	b	c
かせない		

二

A	B	C

三

四

五

六

1 ことになり、

2 できなくなるので、コロニーが成り立たなくなる。

受験番号	評点

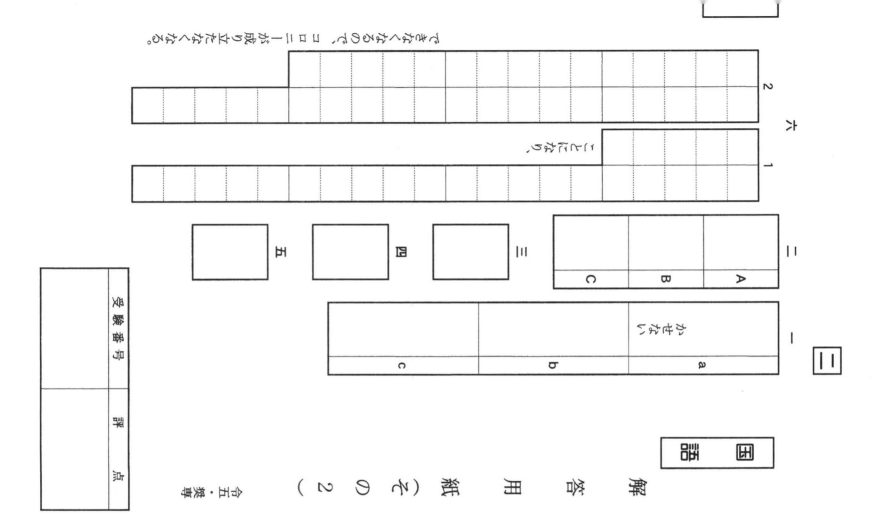

200

【解答

(3) 下線部②について，次の資料は，ある生徒が銀閣で学んだことをまとめたものですが，1カ所誤っている語があります。それはどこですか。誤っている語を資料中から抜き出し，正しく書きかえなさい。

> 応仁の乱の影響《えいきょう》
> 文化人たちが地方に移住した→文化が地方に広まった
> このころに栄えた文化
> 水墨画・歌舞伎・狂言・生け花・お茶（茶道）　など
> →現代の伝統文化につながる

(4) 下線部③のころのようすについて説明した次の**ア**～**エ**を，起こった年代の古い順に正しく並べ変えなさい。

ア　長州藩や薩摩藩がそれぞれ外国と戦い，力の差を実感した。

イ　新政府軍と旧幕府軍のあいだに戦いが起こった。

ウ　アメリカとのあいだに日米修好通商条約を結んだ。

エ　薩摩藩と長州藩が同盟を結び，新しい国づくりを目指した。

(5) 下線部④について説明した文として正しいものを次の**ア**～**エ**から1つ選び，記号で答えなさい。

ア　人口の約8割を占める町人が，各地で商業や手工業，流通などをになった。

イ　幕府は五人組のしくみをつくって，各藩の武士の支配をおこなった。

ウ　社会が安定する中で，江戸や大阪は経済の中心地としてさかえた。

エ　江戸時代の前半には，大きなききんが何度も起こり，百姓一揆があいついだ。

(6) 次の施設と学習内容を見学コースに入れるとしたら，どこが適当ですか。下の**ア**～**オ**から1つ選び，記号で答えなさい。

> **六波羅蜜寺《ろくはらみつじ》**
> のちに執権となる北条泰時が，承久の乱のあとに京都を監視するために設けた六波羅探題の石碑が残る。

> 承久の乱前後の政治や社会の動きについて。

ア　東寺の前　　**イ**　東寺と平等院の間　　**ウ**　平等院と銀閣の間

エ　銀閣と二条城の間　　**オ**　二条城の後

2　次の図と説明文は，戦争が政治や社会にあたえた影響についてまとめたものです。これについて，あとの各問いに答えなさい。

領土への影響

日清戦争・日露戦争後の講和条約で，日本は新たな領土を得て，⑤植民地として支配をおこなった。

教育への影響

太平洋戦争中には，国民全体が戦争に協力する体制がとられ，⑥教育にも多くの制限が加えられた。

外交への影響

アメリカとソ連の対立から朝鮮戦争が起こると，日本とアメリカの結びつきが強くなり，⑦1951年に平和条約が結ばれた。

(1)　下線部⑤について，日清戦争の講和条約で日本の植民地となった場所を，次の地図中の**ア**～**エ**から１つ選び，記号で答えなさい。

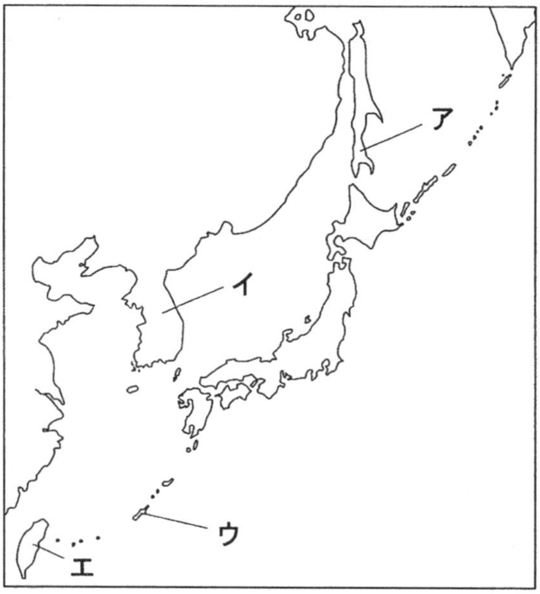

(2) 下線部⑥について，次の各写真は，戦時中の学生に関するものです。これについて説明した下の**ア～エ**の文のうち，**誤っているもの**を１つ選び，記号で答えなさい。

ア 戦争に向けて団結を深めるために，小学生は集団疎開をおこなった。

イ 学校生活が軍隊式のものに変わり，軍事演習もおこなわれた。

ウ 不足する労働力を補うために，女子学生は工場で働くようになった

エ 沖縄では，女子学生が従軍看護師として陸軍病院などに動員された。

(3) 下線部⑦について説明した次の**a**・**b**の文の内容について，正しいもの，誤っているものを判断し，組み合わせとして正しいものを下の**ア～エ**から１つ選び，記号で答えなさい。

a 日本は独立を回復したが，ソ連や中国との平和条約は結ばれなかった。

b アメリカとの結びつきは強くなったが，アメリカによる沖縄の占領《せんりょう》は続いた。

ア **a**，**b**のどちらも正しい　　**イ** **a**は正しいが，**b**は誤っている

ウ **a**は誤っているが，**b**は正しい　　**エ** **a**，**b**のどちらも誤っている

3 熊本市に住むマナブさんとソノコさんは春休みに地域研究をしました。2人の会話文を読んで，下の各問いに答えなさい。

マナブ：この春休み中に自宅周辺の歴史について調べてみました。まず光永寺《こうえいじ》という寺院に行ってみましたが，入り口の門に鉄砲の弾《たま》のあとのような穴があったので，自宅に戻ってから歴史の本や①インターネットで調べてみました。

ソノコ：何か分かったことがありましたか？

マナブ：はい。この光永寺は②西南戦争の時に戦いが行われた場所だったことが分かりました。やっぱりその穴は，鉄砲の弾のあとだったんです。

ソノコ：へえー，そうなんですね！こんなに身近なところでも歴史的な戦いが行われたんですね。

マナブ：さらに，歴史的な場所が他にもないかと思って父に聞いてみたのですが，私の自宅周辺は加藤清正に関連した場所が多いことが分かりました。

ソノコ：例えば，どんな場所が加藤清正に関連があるのですか？

マナブ：実際に③電車を利用して行ってみたのですが，加藤清正が父親のために建てた本妙寺《ほんみょうじ》です。それに，④豊臣秀吉の命令で朝鮮半島に遠征した文禄《ぶんろく》・慶長《けいちょう》の役の時に戦った土地の名前がつけられた蔚山《うるさん》町という電車の停留所です。

ソノコ：蔚山町って，なんでそう読むんだろうって思っていましたが，マナブさんの今の話で納得することができました。

マナブ：あと，歴史的な建物で知られる熊本地方裁判所の資料館にも行きました。西南戦争や神風連《しんぷうれん》の乱についての⑤裁判と判決の資料などを見ることができました。ところでソノコさんは，何について調べたのですか？

ソノコ：私は，⑥トマトを作っている八代の祖父母の家に行って，トマトの収穫のお手伝いをしながら農業について色々教えてもらいました。熊本県は農業がさかんですが，いぐさの他に，このトマトも日本一の生産量なんですよ。マナブさん，知ってましたか？

マナブ：そうなんですね。いぐさのほとんどが熊本県で作られていることは知っていましたが，トマトが日本一だということは知りませんでした。ほかにも調べたことはありますか？

ソノコ：祖父母が車で水俣病資料館に連れて行ってくれました。⑦公害の歴史がパネルや写真などで紹介されていて，とても勉強になりました。この資料館には，全世界から１年間で約４万人の人々が見学に訪れているそうです。

マナブ：私はまだ水俣病資料館には行ったことがないので，夏休みに行ってみたいと考えています。

1　下線部①について，日本のインターネットの年代別利用率（**図1**）と主なソーシャルメディアの年代別利用率（**表1**）を見て，説明として**誤っているもの**を，下の**ア**～**エ**から1つ選び，記号で答えなさい。

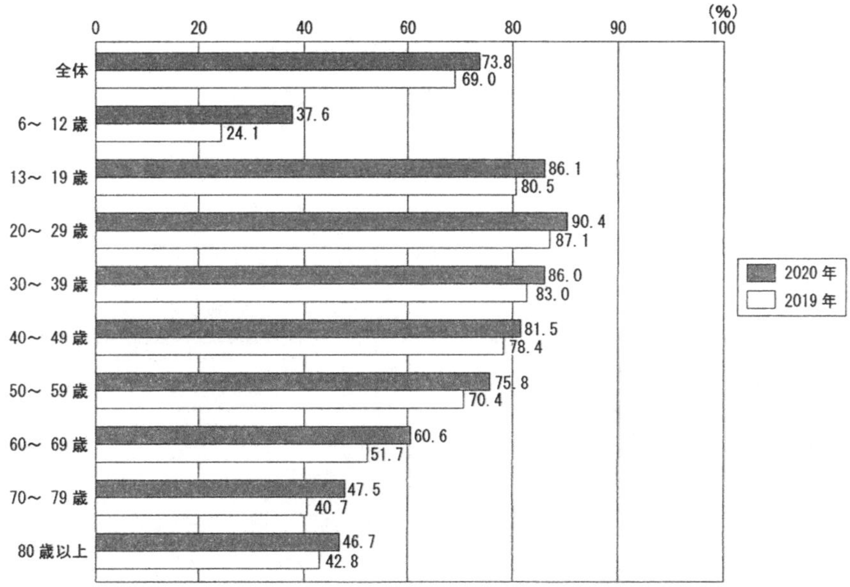

総務省「2020年通信利用動向調査」より作成。

図1

表1

	全体	13～19歳	20～29歳	30～39歳	40～49歳	50～59歳	60～69歳
ライン LINE	82.3	88.7	98.1	93.4	87.7	82.6	52.8
フェイスブック Facebook	32.8	17.0	47.4	49.8	36.7	29.3	14.4
ツイッター Twitter	37.3	66.7	76.1	41.6	34.0	23.0	9.0
ユーチューブ YouTube	75.7	91.5	92.8	88.7	81.8	73.3	40.5

※数字は％を示す。
※（2018年）調査対象は13～69歳。
総務省情報通信政策研究所「情報通信メディアの利用時間と情報行動に関する調査」より作成。

ア　2019年・2020年ともに，インターネットの年代別利用率は，20～29歳が一番高い。
イ　インターネットの年代別利用率は，どの年齢層でも2019年よりも2020年の方が高い。
ウ　ソーシャルメディアの年代別利用率は，どの年齢層でもLINEとYouTubeが上位2位までに入っている。
エ　ソーシャルメディアの年代別利用率は，どのソーシャルメディアでも共通して，20～29歳が一番利用率が高い。

2　下線部②について，西南戦争が起こった時期として正しいものを，次の**ア**～**エ**から選び，記号で答えなさい。

日米修好通商条約が結ばれる→（**ア**）→廃藩置県がおこなわれる→（**イ**）→
→日清戦争が起こる→（**ウ**）→第一次世界大戦が起こる→（**エ**）

3　下線部③について，様々な交通機関ではユニバーサルデザインが導入されています。下の2枚の写真からわかるユニバーサルデザインについて，「どのような人のために」「どのような工夫がされているのか」を明らかにして答えなさい。

電車の車内

駅の改札

4　下線部④について，豊臣秀吉が力をいれていた南蛮貿易の相手国の現在の国旗として正しいものを，次の**ア**～**エ**から1つ選び，記号で答えなさい。

ア

イ

ウ

エ

5　下線部⑤について，裁判に関連して述べた文として**誤っているもの**を，次の**ア〜エ**から１つ選び，記号で答えなさい。

ア　大日本帝国憲法のもとで，裁判員制度が始まった。
イ　大日本帝国憲法のもとでの裁判は，天皇の名によっておこわれた。
ウ　日本国憲法のもとでは，１つの事件につき，３回まで裁判を受けることができる。
エ　日本国憲法のもとでは，家庭や未成年者の問題は家庭裁判所が裁判をおこなっている。

6　下線部⑥について，トマトに関して述べた次の文章を読んで，波線部ａ・ｂの内容について正しいもの，誤っているものを判断し，組み合わせとして正しいものを，下の**ア〜エ**から１つ選び，記号で答えなさい。

トマトは，南アメリカが原産地で，（ａ）16 世紀にイタリア人がヨーロッパに持ち帰ったことがコロンブスなどの航海のきっかけとなった。トマトは，（ｂ）夏から秋は茨城県や北海道，秋から春にかけては熊本県の収穫量が多い。

ア　ａ，ｂのどちらも正しい　　　**イ**　ａは正しいが，ｂは誤っている
ウ　ａは誤っているが，ｂは正しい　　　**エ**　ａ，ｂのどちらも誤っている

7　下線部⑦について，四大公害病に関する次の表と地図を見て，イタイイタイ病にあてはまる説明をＡ〜Ｄから１つ選び，記号で答えなさい。また，イタイイタイ病が発生した場所をＥ〜Ｈから１つ選び，記号で答えなさい。

表２

Ａ	1922 年ごろ病気が出始める。神通川《じんづうがわ》上流の鉱山から出されたカドミウムが原因。骨がもろくなり，全身が痛む。
Ｂ	1953 年ごろ病気が出始める。工場から出された有機水銀が原因。手足がしびれ，目や耳が不自由となる。
Ｃ	1960 年ごろ病気が出始める。工場から出されたガスが原因。息苦しくなり，発作が起こる。
Ｄ	1964 年ごろ病気が出始める。工場から出された有機水銀が原因。手足がしびれ，目や耳が不自由となる。

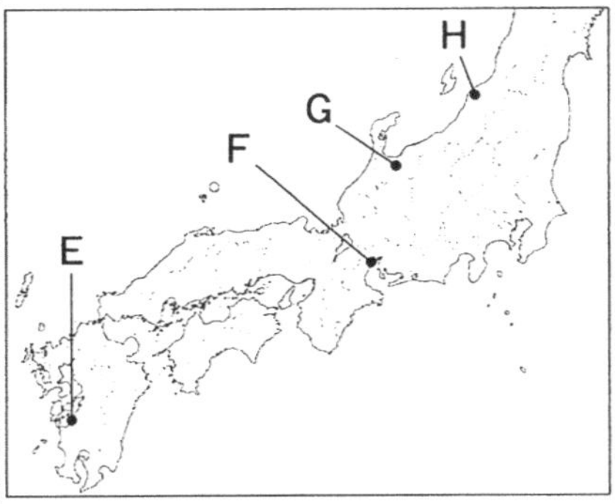

令和4年度

奨学生・専願生

入学試験問題

国語

（45分）

注意事項

1. 試験開始の合図があるまではこの問題の冊子《さっし》を開いてはいけません。
2. 試験開始の合図があったら問題冊子の中にある解答用紙を取り出し，受験番号を書く欄《らん》に受験番号を記入してください。名前を記入する必要はありません。
3. 答えはすべて丁寧《ていねい》な文字で書いてください。また，漢字で書かなければならないところは漢字で書いてください。
4. 答えはすべて解答用紙に記入してください。

熊本学園大学付属中学校

一

左のグラフは、令和元年に文化庁が行った調査の結果です。これについて二〇〇字以内で作文を書きなさい。ただし、二段落構成とし、第一段落には、グラフから読み取れることを書き、第二段落には、読書すべき時期についてのあなたの考えを理由と合わせて書きなさい。

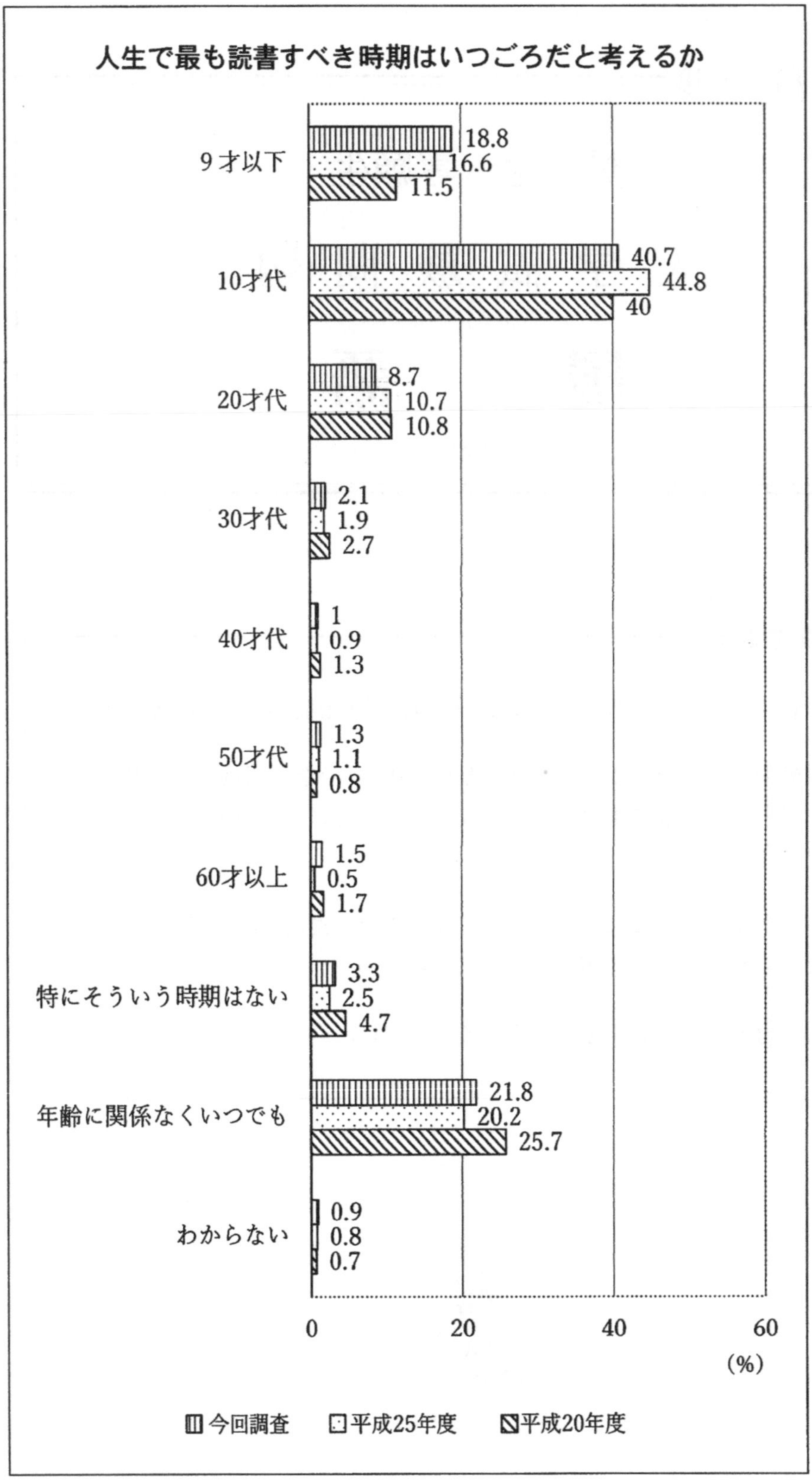

二

次の文章は、「子どものことば」が「詩のことば」に似てくることがあるということを、ことばそのものの働きと結びつけて説明している文章です。次の文章を読んで、あとの問いに答えなさい。

子どものことばを考える場合には、だいたい大人のことばと対立させて考えるのが普通《ふつう》です。その背後にあるのは、大人のことばのほうが普通であって、子どものことばのほうは普通でないということでしょう。ちょうどそれと同じような考え方が詩のことばについてもなされます。[A]、日常のことばというのは普通であって、詩のことばは何か特殊《とくしゅ》なことばであるというような発想です。これを次のように書き表してみましょう。

子どものことば　　大人のことば
詩のことば　　日常のことば

上の「子どものことば」「詩のことば」のほうが普通でないもの、それに対して下の「大人のことば」「日常のことば」のほうが普通というわけです。

それから、「方言」というものと、「共通語」というものを比べてみますと、方言は上にきて、共通語は下にくるということになるでしょう。

このように位置づけしてみますと、一般的《いっぱんてき》に言って、上に並んだもののほうが特殊で、下に並んだもののほうが普通、つまり、下に並んだもののほうが中心的で優勢なもの。それに対して上に並んだもののほうはそれに従属するものというように受け取られるのが普通です。

しかし、最近の発想の一つとして、①そういう考え方を逆転させる様な面に注目するということがよく言われます。つまり、少し見方を変えて見てみますと、「中心」にあるということは、すでにできあがっている秩序《ちつじょ》であるわけで、それを維持《いじ》しようとするような形で、いわばaホシュ的な傾向《けいこう》と結びつく。そして、だんだん安定してきますと、何か沈滞《ちんたい》といってよいような状況《じょうきょう》が生まれてくる。それに対して、「中心」にないもののほうには、まだ安定していない、しかし、それだけにそこにはまだ新しい何かが起こり得るのだという面があるわけです。

「中心」の部分というのは、きちんと決められていますから、決められた部分から、あまりはみだしたりすることはできない。

【B】、「中心」でない部分では、そういう力が及んでいないということですから、何か新しいこと、文化的に新しいことが起こる場所である。そして、「中心」部分が沈滞してくると、新しくできたものがそこへだんだん侵入《しんにゅう》してきてついには、②それをひっくり返してとって代わるということにもなる。しかし、③それが「中心」になってまた沈滞し始めると、また「中心」でない部分に始まった新しいものが広がってきて、④それにとって代わる――こういうbタえまない動きを通じて文化というものがずっと発展していく。こういう発想があるわけです。

大人のことばと子どものことばの場合も、大人のことばが「中心」で、こどものことばは「中心」ではありません。【C】、普通は、私たちは、「中心」であるところの大人のことばを維持しなければならないと思っており、子どもが何か変わった言い方をしますと、それはおかしいと言って直すということをやります。

しかし、その反面、子どものことばというのは、必ずしも全部大人のことばに合わせて直されてしまうわけではありません。それは、ことばというのが、時代とともに変わるということをみればすぐわかることです。⑤「ことばが変わる」という場合、それは、世代から世代への移り変わりで、ずれが起こっているということですし、そのずれというのは、子どものことばに始まったものが、それを直そうとする試みにもかかわらず、しきれなくて、それが大人のことばの中に入りこみ、言語を変えるのだと考えることができます。こんなふうに考えてきますと、「中心」でないものも、最近のことばを使いますと、文化というものを「活性化」する、つまり、それに活力を与える――そういう意味を持っているものとしてとらえなおすことができるわけです。「中心」のほうが沈滞し、前もってきめられたことが前もってきめられた形で行われているだけで、何かが起こってはいるのだけれど、cジッサイには、⑥本当の意味での新しいことは何も起こってはいない。本当に新しいことが起こるのは、むしろ「中心」ではない部分からではないかという発想がでてくるわけです。

（池上嘉彦《いけがみよしひこ》『ふしぎなことば　ことばのふしぎ』筑摩書房による）

問一 〰〰a〜cのカタカナを漢字に直しなさい。

問二 [A]〜[C]に入る最も適当な語を次の**ア**〜**オ**からそれぞれ選び、記号で答えなさい。

ア ただし　**イ** つまり　**ウ** だから　**エ** ところが　**オ** または

問三 問題文の一行目から十三行目までの内容をまとめた図として最も適当なものを次の**ア**〜**エ**から選び、記号で答えなさい。

ア

〈普通〉	〈特殊〉
子どものことば	大人のことば
日常のことば	詩のことば
共通語	方言

イ

〈普通〉	〈特殊〉
子どものことば	大人のことば
日常のことば	詩のことば
方言	共通語

ウ

〈普通〉	〈特殊〉
大人のことば	子どものことば
日常のことば	詩のことば
共通語	方言

エ

〈普通〉	〈特殊〉
大人のことば	子どものことば
日常のことば	詩のことば
方言	共通語

問四 ——①「そういう考え方」とはどのような考え方ですか。解答欄に合うように三十字以内で答えなさい。

問五 ——②〜④の「それ」が指す内容の組み合わせとして最も適当なものを次の**ア**〜**エ**から選び、記号で答えなさい。

ア ②「中心」　③新しくできたもの　④「中心」
イ ②「中心」　③新しくできたもの　④新しくできたもの
ウ ②新しくできたもの　③「中心」　④新しくできたもの
エ ②新しくできたもの　③新しくできたもの　④「中心」

問六 ――⑤「ことばが変わる」とありますが、これはどういうことを言っているのですか。その説明として最も適当なものを次の**ア**～**エ**から選び、記号で答えなさい。

ア 「中心」からずれている子どものことばは、大人のことばを自らの中に取りこんで変化していくということ。

イ 大人のことばに直される試みから残されてしまった子どものことばは、大人のことばに変化を与えるということ。

ウ 大人のことばは子どものことばに入りこむことで「中心」となって変化を起こし、様々なことばを生み出すということ。

エ 「中心」を維持するために大人のことばは子どものことばを直すので、ことばのずれが起こってしまうということ。

問七 ――⑥「本当の意味での新しいこと」とは、どのようなことですか。次の文の X 、 Y のそれぞれに当てはまる適当な語を本文中から抜き出して答えなさい。

X でないものが、 Y に活力を与えること。

三

次の文章を読んで、あとの問いに答えなさい。

長年、牛と牛とを闘《たたか》わせる競技である闘牛《とうぎゅう》用の牛を育ててきた富太郎《とみたろう》は、試合中に怪我《けが》をして療養《りょうよう》していた梅錦《うめにしき》の代わりに雷光《らいこう》という強く若い牛を買った。そして周囲のすすめで雷光を観光客向けの試合である観光に出場させることになった。以下はそれに続く場面である。

雷光が観光に出るという話は、たちまち飼主たちの間にひろがったらしく、当日は、繋《つな》ぎ場に飼主や※勢子《せこ》たちが集まってきていた。富太郎は、※加代に雷光を曳《ひ》かせて繋ぎ場に行った。雷光の相手は、※若小結《わかこむすび》の地位にある若牛だった。

「お手柔《てやわ》らかに頼《たの》むよ」

若牛の飼主は、雷光をながめまわしながら富太郎と※岡田に言った。観光の取組みで傷を負わせたくないのだ。

[A] 土俵入りになり、富太郎と岡田は、衣裳《いしょう》をつけた雷光を曳いて土俵に入った。観光客は六割程度の入りで、スピーカーから雷光の紹介《しょうかい》がされた。

土俵からさがると、勢子の一人が、

「a ドウドウとした土俵入りだ」

と、言った。

すぐに取組みになって、雷光の衣裳がはずされ、岡田が曳いて土俵にあがった。富太郎は、加代と通路に立って土俵を見つめていた。

牛に二本の太い綱《つな》がつけられ、それぞれに勢子がついた。

牛が、合わされた。

富太郎は、①胸が熱くなった。雷光が若小結を押《お》してゆく。力の差は b レキゼンで、若小結は、勢子にはげまされて脚《あし》を踏《ふ》んばっているが c タアイなく後退する。雷光の肩《かた》の筋肉がさらに盛り上がると、向う突《づ》きの態勢で若小結を柵《さく》まで持っていった。

スピーカーから甲高《かんだか》い声が流れ、観光客から感嘆《かんたん》の声と拍手《はくしゅ》が起り、ドームに反響《はんきょう》した。

その時、突然《とつぜん》のように雷光の動きに変化が起った。頭を若小結からはなすと横に逃《に》げ、それを若小結が追う。

②「切れた」

背後で、男の声がした。逃げることを切れたというが、それは敗北を意味する。勢いに乗った若小結が雷光の脇腹《わきばら》に突進しようとするのを、綱を持った男たちが数人がかりで曳きとどめた。

スピーカーから、若小結の勝ちが宣せられた。

意外な結果であったが、その後の雷光の動きも異様だった。雷光は、土俵から通路にむかって後退すると、館の外に走り出てしまった。

富太郎は、外へ出た。館の裏手の方で岡田と他の勢子が綱を曳いて雷光の動きをとめていた。
「どうしたと言うんだ」
富太郎は、顔をこわばらせた。
「向う突きで柵まで押しつけたのに、急に切れて……」
岡田は、いぶかしげに首をかしげた。
雷光の眼には、おびえの光がうかんでいる。精悍《せいかん》さも力強さも消えていた。
切れた牛は、その後闘《たたか》うことに恐怖《きょうふ》をいだく。一度自分の無力を知った牛は、牛と対することを避《さ》けようとする。早目に自信を恢復《かいふく》させなくては、闘牛としての価値を永久に失う。
「梅錦とやらせてみてはどうかね」
岡田が富太郎に眼を向けた。
梅錦の傷は［B］癒《い》えていたが、散歩もさせないので体力はかなり衰《おとろ》えている。切れた牛の自信をとりもどさせるには、弱い牛と合わせ、勝たせる以外に方法はない。
「明日にでもやらせてみよう」
富太郎は、うなずくと雷光の綱をとった。
翌日、岡田が三人の勢子仲間を連れて富太郎の家にやってきた。
雷光と梅錦が牛舎から曳き出され、それぞれ二本の綱がとりつけられた。
ゆるい坂をくだると空地があり、そこで牛が合わされた。自信を失った牛は、相手の牛に近づくこともしないのだが、予想に反して雷光は角をさげ無雑作に梅錦の頭に頭を突き当てた。
雷光は向う突きの態勢で、梅錦を押しまくる。その力強さは、隠岐島《おきのしま》で※横綱《よこづな》を土俵外に突き出した情景を思い起させた。
勢子たちが綱を曳いて、ようやく雷光を梅錦からはなした。
富太郎の顔には、③安堵《あんど》の色と不審《ふしん》そうな表情が浮《う》かんでいた。梅錦と合わされた雷光におびえの気配はなく、離《はな》してもさらに突《つ》き進もうとする動きをみせた。前日、切れた牛とは思えなかった。
「おかしな牛だ」

岡田が首をかしげ、苦笑した。

富太郎は、雷光をみつめた。もしかしたら、と思った。前日、向う突きで若小結を柵に押しつけた直後、雷光は急に逃げの姿勢をとったが、その切れ方が普通の切れ方とはちがっていた。一刻も早く土俵から出ようとし、うろたえたように通路から館外へ走り出ていった。

雷光は、観客の声と拍手が起った時、不意に闘志を失った。若小結にひるんだわけではなく観客のどよめきに恐れを感じ、逃げ出したのではあるまいか。隠岐島では野外の土俵で横綱と戦った。雷光にとって、屋根のある市の闘牛場のような場所に入ったことはなく、ドームに反響する声と拍手に大きな驚《おどろ》きを感じたのだろう。切れた牛とは異って、自信を失うこともなく梅錦を圧倒《あっとう》したのも、その場所が空き地であったからにちがいない。

かれは、闘牛場に雷光をなじませれば本来の強さを発揮するはずだ、と思った。

……紅葉が、市の周辺の山肌《やまはだ》を染めはじめた。

富太郎は、加代とともに雷光を曳いて無人の闘牛場に行った。

雷光を土俵に入れて歩きまわらせたが、数回まわると強い力で富太郎と加代のにぎる綱をふりはなし通路から建物の外に走り出てしまう。何度繰返《くりかえ》してみても同じで、その都度《つど》、富太郎は荒《あら》い声をあげたが効果はなかった。かれは、苛立《いらだ》った。

数日後、雷光の闘牛場に対する恐《おそ》れを消すため観光のおこなわれている闘牛場に雷光を連れてゆき、通路に入った。闘う牛の姿をみせることによって、闘志をかき立たせようと思ったのだ。

富太郎は、雷光の顔を土俵にむかせることにつとめていたが、雷光は後ずさりした。加代も C 声をかけたが、雷光はそのまま後向きの姿勢で建物の外に出てしまった。

かれの胸に、憤《いきどお》りがふき上げた。雷光を棒で思いきりたたきたかった。が、繋ぎ場の近くに立っている雷光の姿をみると、憤りは薄らぎ、物悲しい感情が湧《わ》いてきた。

雷光は、野外の土俵でなければ闘志をふるい立たせない。稀《まれ》にみる強い牛だが、神経質な牛でもある。かれは、今後どのような工夫をこらしてみても雷光が屋根つきの闘牛場になじむことは決してないことを知った。牛には独自の生き方があり、人間の食いこめぬ部分もある。長年牛と接してきたかれは、自分の無力を感じた。

かれは、手綱《たづな》をとると歩き出した。

「この牛は隠岐島に帰すよ」
かれは、雷光の傍《そば》を歩く加代を振返《ふりかえ》って言った。
加代は、富太郎の顔を見つめた。
「だめでしょうか」
④「だめだ。私の経験からみて、この牛は戦うどころか土俵に入ることもしないだろう。隠岐島に帰らせてやる以外にない」
かれは断定的に言った。
加代は、無言でついてくる。
富太郎は、加代が歩きながら雷光の体をなでている気配を感じていた。

（吉村昭《よしむらあきら》「研がれた角」『海馬』所収　新潮文庫刊による）

（注）※勢子……試合中の牛を管理する人。
加代……富太郎の仕事を手伝う女性。新しい牛を買うように勧《すす》めた。
若小結……闘牛の位。　岡田……雷光の勢子。　横綱……最高位の闘牛の位。

問一　〰〰 a〜cのカタカナを漢字に直しなさい。

問二　[A]〜[C]に入る語の組み合わせとして最も適当なものを次の**ア**〜**エ**から選び、記号で答えなさい。

ア　A すっかり　B とうとう　C ひたすら　　**イ**　A やがて　B すっかり　C しきりに
ウ　A しきりに　B やがて　C さんざん　　**エ**　A とうとう　B やっと　C やがて

問三　――①「胸が熱くなった」とありますが、この時の富太郎の気持ちを説明したものとして、最も適当なものを次の**ア**〜**エ**から選び、記号で答えなさい。

ア　雷光の闘牛としての圧倒的な実力は疑いようもないため、落ち着いて優越感《ゆうえつかん》に浸《ひた》っている。
イ　長年育ててきた雷光が初めての闘牛に出ることになり、けがを心配しつつも喜んでいる。
ウ　闘牛に関わってきた者として、鍛《きた》えられた強い牛同士のぶつかり合いを純粋《じゅんすい》に楽しんでいる。
エ　見込《みこ》んでいた雷光が大舞台《おおぶたい》に立ち、期待通りの立派な姿を見せたことに感動している。

問四 ———②「切れた」とありますが、観光に出場した翌日、富太郎はその理由をどのように考えましたか。三十五字以内で説明しなさい。

問五 ———③「安堵の色」の説明として、最も適当なものを次の**ア**～**エ**から選び、記号で答えなさい。

ア 雷光が対戦相手の牛に恐れずに近づくことができて驚いている様子。

イ 雷光が勢いにまかせて梅錦を傷つけなかったことに安心している様子。

ウ 雷光が横綱を倒《たお》す実力をつけたことに頼《たの》もしさを感じている様子。

エ 雷光が以前と変わらず激しい闘志を見せたことにほっとしている様子。

問六 ———④「だめだ」とありますが、富太郎がそのように判断した理由として最も適当なものを次の**ア**～**エ**から選び、記号で答えなさい。

ア 敗北によって気力を失った自分に、雷光を鍛え直すことはできないと自信を無くしたから。

イ 故郷を懐《なつ》かしむ雷光には、闘牛として活躍《かつやく》する闘志が足りないと失望し、腹が立ったから。

ウ 自身がかっとなって冷静さを失いやすい性格であり、闘牛を育てる才能が無いと気づいたから。

エ 牛を育ててきた経験から、雷光の性質をむりやり変えることは不可能だと判断したから。

四

次の①～⑩の———について、カタカナを漢字に直しなさい。

① 世の中のカンシュウに従う。

② 問題がサンセキする。

③ 例にチュウジツな動き。

④ 両親ともにケンザイです。

⑤ 出来上がるカテイを重視する。

⑥ 集団の中での地位をカクリツする。

⑦ 無駄をハブいた生活を送る。

⑧ 公明セイダイな姿勢。

⑨ 家庭サイエンで果物を育てる。

⑩ 君のサシズは受けない。

2022(R4) 熊本学園大学付属中
教英出版

2020(R2) 南陽高附属中
教英出版

令和4年度

奨学生・専願生

入学試験問題

算　数

（45分）

注意事項

1. 試験開始の合図があるまではこの問題の冊子《さっし》を開いてはいけません。
2. 試験開始の合図があったら問題冊子の中にある解答用紙を取り出し，受験番号を書く欄《らん》に受験番号を記入してください。名前を記入する必要はありません。
3. 定規とコンパスの使用は認《みと》めますが，分度器つき定規・分度器つきコンパスの使用はできません。
4. 分数については約分できるものは約分し，比については最も簡単な整数の比で答えてください。
5. 答えはすべて解答用紙に記入してください。

熊本学園大学付属中学校

1 次の□にあてはまる数を，それぞれ答えなさい。

(1) $6+4\times3=\square$

(2) $\frac{9}{16}\div0.36=\square$

(3) $4\div(0.3+0.2\times0.1)=\square$

(4) $3\frac{1}{8}-\frac{7}{4}+2\frac{1}{6}=\square$

(5) $\left(3\frac{2}{5}-3\times\frac{2}{5}\right)\div1.2\times5=\square$

(6) $12\div\frac{4}{5}\div\square=21$

(7) 長さ 23.45 m のロープを 7.7 m ずつに切ると，7.7 m のロープが □ア 本できて，□イ m 余ります。

(8) 時速 36 km は，秒速 □ m です。

2　次の各問いに答えなさい。

⑴　17を分母とする分数の中で，0.8との差が一番小さい分数を求めなさい。

⑵　右の表は，6年生155人の1週間に読んだ本の冊数《さっすう》を調べた結果です。ただし，ア，イには，ある数字が入り，1冊《さつ》だけ読んだ人は全体の20％でした。

このとき，以下の各問いに答えなさい。

①　読んだ本の冊数の平均値を求めなさい。

②　読んだ本の冊数の中央値を求めなさい。

冊数(冊)	人数(人)
0	11
1	ア
2	35
3	イ
4	28
5	20
合計	155

⑶　A，B，C，D，Eの5つの文字から2つの文字を選ぶとき，選び方は全部で何通りあるか求めなさい。

⑷　8人で働くと15日で終わる仕事があります。この仕事を12日で終わらせるためには，働く人を何人増やせばよいか求めなさい。

⑸　A：B＝1：3，B：C＝2：5，C：D＝7：3です。このとき，A：Dは何対何か求めなさい。

⑹　園子さんは所持金の半分より30円多く使い，その後，残った金額の$\frac{2}{3}$より40円多く使いましたが，まだ400円残っていました。園子さんのはじめの所持金はいくらか求めなさい。

3 右の図のように，マッチ棒を並べて正五角形をつくります。このとき，次の各問いに答えなさい。

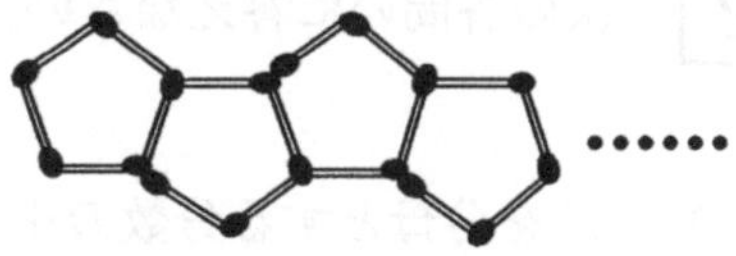

(1) 正五角形をちょうど5個つくるとき，マッチ棒は何本必要か求めなさい。

(2) 正五角形をちょうど40個つくるとき，マッチ棒は何本必要か求めなさい。

(3) マッチ棒が300本あるとき，正五角形は最大で何個までつくることができるか求めなさい。

K 教英出版

4 ある空港のターミナルには，一直線に，同じ速さで動く長さ60 m の歩道が 2 つあります。1 つ目の動く歩道の始まりと終わりの地点をそれぞれ A，B とし，2 つ目の動く歩道の始まりと終わりの地点を C，D とします。学さんと園子さんは A 地点から D 地点に向かって同時にスタートしました。園子さんは，動く歩道に乗らずに横の歩道を歩きました。学さんは，1 つ目の動く歩道の上では，歩かず止まったまま乗っていたので，園子さんが B 地点に来たとき，学さんは園子さんより 15m 後ろにいました。このとき，次の問いに答えなさい。

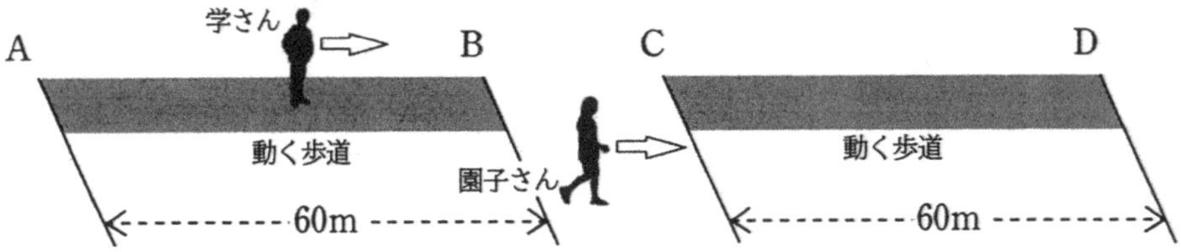

(1) 動く歩道の動く速さと，園子さんの歩く速さの比を求めなさい。

その後，学さんが B 地点から一定の速さで歩き始めて C 地点に来たとき，園子さんは学さんより 14m 先にいました。そして，学さんは，2 つ目の動く歩道では，B 地点から C 地点まで歩いたときと同じ速さで歩いたため，学さんが D 地点に着いたとき，園子さんは学さんより 16m 後ろにいました。このとき，次の各問いに答えなさい。

(2) 学さんの歩く速さと，園子さんの歩く速さの比を求めなさい。

(3) B と C の間の距離《きょり》を求めなさい。

5　次の各問いに答えなさい。ただし，円周率は3.14とします。

(1)　右の図は，長方形の紙を折り返したようすを表しています。このとき，xの角度を求めなさい。

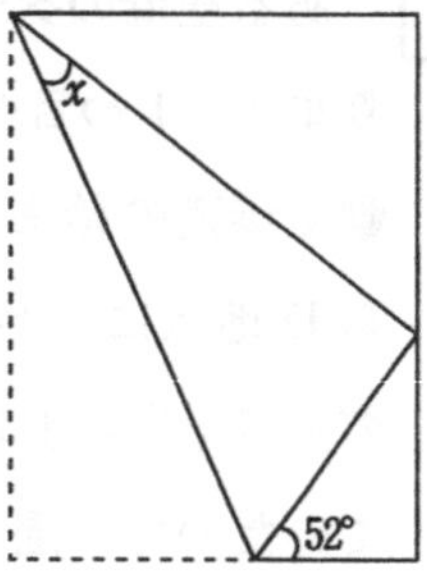

(2)　右の図は，1辺の長さが10cmの正方形が2つ重なっているものです。重なっている部分の面積を求めなさい。ただし，片方の正方形の1つの頂点は，もう片方の正方形の対角線の交点とちょうど重なっています。

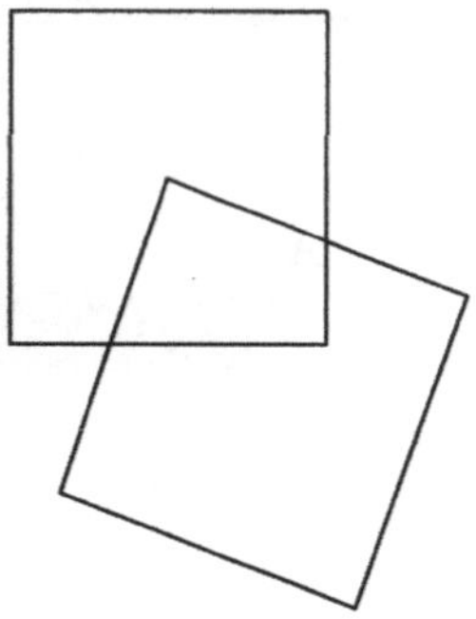

(3)　長さが1mの棒を段差がない平らな地面に垂直に立てると，かげの長さが1.5mになりました。同じ日の同じ時間に，ある長さの棒を，高さが1mの段差から3m離《はな》れた場所の地面に垂直に立てたところ，かげが下の図のようになりました。下の図の棒の長さを求めなさい。

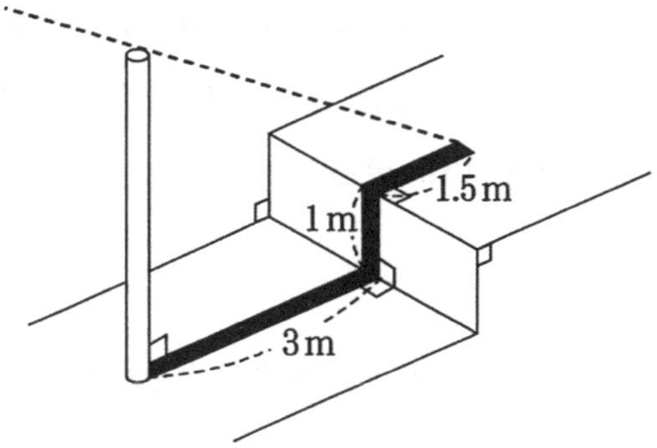

(4)　右の図は1辺の長さが4cmの立方体から，1辺の長さが2cmの立方体と，底面の円の半径が1cmで高さが4cmの円柱をくり抜《ぬ》いたものです。点Aは円柱の上面の円の中心です。この立体の体積を求めなさい。

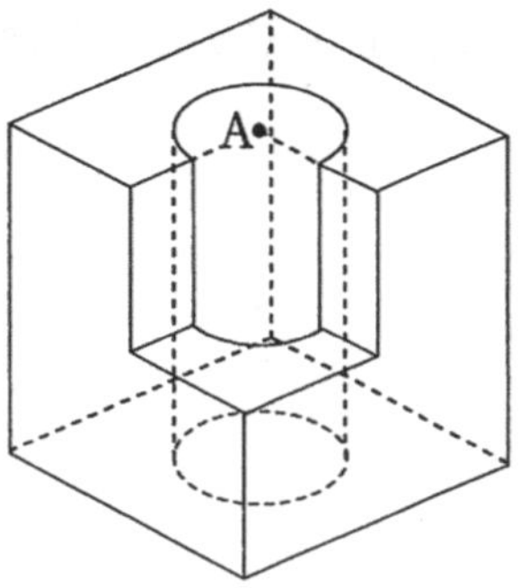

令和4年度

奨学生・専願生

入学試験問題

理　科

(35分)

注意事項

1. 試験開始の合図があるまではこの問題の冊子《さっし》を開いてはいけません。
2. 試験開始の合図があったら問題冊子の中にある解答用紙を取り出し，受験番号を書く欄《らん》に受験番号を記入してください。名前を記入する必要はありません。
3. 定規とコンパスの使用は認《みと》めますが，分度器つき定規・分度器つきコンパスの使用はできません。
4. 漢字で書かなければならないところは漢字で書いてください。誤字・あて字・かな書きは正解とは認めません。
5. 答えはすべて解答用紙に記入してください。

熊本学園大学付属中学校

1

10月のある日の午後，南西の空に太陽，南東の空に**図1**のような形の月が見えました。月の見え方について，次の各問いに答えなさい。

図1

⑴　この日，南東の空に**図1**のような形の月が見られたのは，午後何時頃だと考えられますか。最も適当なものを次の**ア**～**エ**から1つ選び，記号で答えなさい。

ア　午後1時　　**イ**　午後3時　　**ウ**　午後5時　　**エ**　午後7時

⑵　**図1**のような形の月が見られるのは，月がどの位置にあるときと考えられますか。太陽，月，地球の位置関係を表した下の図の**ア**～**ク**から最も適当なものを1つ選び，記号で答えなさい。ただし，図は地球を北極側から見たものとします。

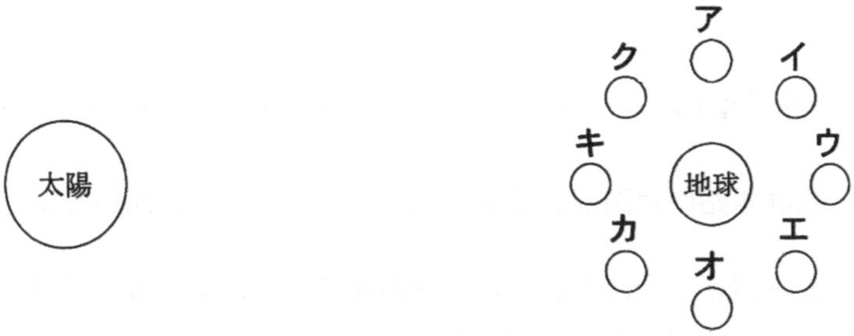

⑶　**図1**のような形の月を見た日から4日後の月の形はどれですか。最も適当なものを次の**ア**～**キ**から1つ選び，記号で答えなさい。

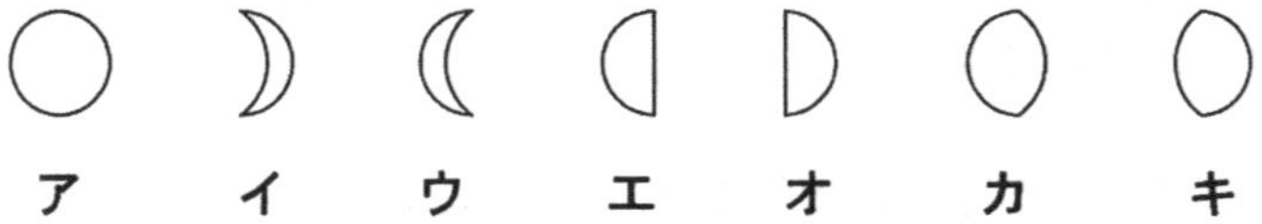

2021年5月26日の夕方から宵《よい》にかけて，月食が観測されました。月食とは，地球の影に月が入り込むことで月が欠けたように見える現象です。今回の月食は，地球の影に月が完全に入り込む皆既《かいき》月食でした。次の各問いに答えなさい。

⑷　この日の皆既月食が見られるのは，月がどのようなときでしたか。最も適当なものを次の**ア**～**オ**から1つ選び，記号で答えなさい。

ア　新月　　**イ**　三日月　　**ウ**　上弦の月　　**エ**　満月　　**オ**　下弦の月

⑸　皆既月食が起きるのは，地球，太陽，月の位置関係がどのようなときですか。20字以内で説明しなさい。

K 教英出版

(6) この日の皆既月食では，午後８時頃月が地球の影に完全に入り込みました。このとき，月の見え方はどうなりましたか。最も適当なものを次の**ア**～**エ**から１つ選び，記号で答えなさい。

ア　月は見えなくなった　　　　**イ**　月の周囲だけ輝いた

ウ　月は暗く赤っぽくなった　　**エ**　月は皆既月食前と変わらず輝いた

2 次の１，２の各問いに答えなさい。

１　金属の棒は熱するとのびて，冷やすと縮みます。また，ものを温めることで，ものの体積が大きくなることをぼう張といいます。

ここに，金属の種類と長さの異なる棒Ａ～棒Ｃがあります。棒Ａ～棒Ｃは銅，鉄，アルミニウムのいずれかでできており，20℃における棒の長さはそれぞれ，棒Ａが1m，棒Ｂが2m，棒Ｃが3mでした。この長さをもとの長さとし，これらの棒全体を均一に温めるとき，棒の温度と，もとの長さからののびの関係をまとめると，**表**のようになりました。下の各問いに答えなさい。ただし，棒ののびは，温度の上昇《じょうしょう》に比例しているものとします。

表

温度〔℃〕	20	70	120	170	220
棒Ａのもとの長さからののび〔mm〕	0	1.2	2.4	3.6	4.8
棒Ｂのもとの長さからののび〔mm〕	0	1.7	3.4	5.1	6.8
棒Ｃのもとの長さからののび〔mm〕	0	1.8	3.6	5.4	7.2

(1)　棒Ａを20℃から320℃まで加熱しました。このとき，棒Ａのもとの長さからののびとして最も適当なものを，次の**ア**～**エ**から１つ選び，記号で答えなさい。

ア　6.0mm　　**イ**　6.7mm　　**ウ**　7.2mm　　**エ**　8.4mm

(2)　鉄の棒は棒Ａ～Ｃのどれですか。Ａ～Ｃの記号で答えなさい。ただし，1mの鉄の棒の温度を1℃上げると，棒の長さはおよそ0.012mmのびます。

(3)　20℃の棒Ａ～Ｃを切って，同じ長さの棒を３本つくりました。それらの棒を100℃まで加熱したとき，最ものびる棒はどれですか。適当なものを次の**ア**～**ウ**から１つ選び，記号で答えなさい。

ア　棒Ａからつくった棒　　**イ**　棒Ｂからつくった棒　　**ウ**　棒Ｃからつくった棒

(4) 次の文章は，身のまわりのぼう張の例を説明した文章です。(　①　)～(　③　)にあてはまる語句の組み合わせとして最も適当なものを，下の**ア**～**ク**から１つ選び，記号で答えなさい。

鉄道のレールはとても長いため，夏と冬ではその長さが大きく変わってしまう。(　①　)の日中にレールが(　②　)曲がるのを防ぐために，レールのつなぎ目には小さなすき間がある。電車に乗っているときに聞こえる「ガタンゴトン」という音は，電車がレールのつなぎ目を通過する音である。

熱気球は，温められた空気が上に動く性質を利用している。ガスバーナーに火をつけ，熱気球の中の空気を温めると，熱気球は浮《う》かび上がる。これは，熱気球の中の空気は温められると(　③　)，まわりの空気と比べて軽くなるからである。

	①	②	③
ア	夏	縮んで	縮んで
イ	夏	縮んで	ふくらんで
ウ	夏	のびて	縮んで
エ	夏	のびて	ふくらんで
オ	冬	縮んで	縮んで
カ	冬	縮んで	ふくらんで
キ	冬	のびて	縮んで
ク	冬	のびて	ふくらんで

2　1辺の長さが3mmのアルミニウムをうすい塩酸の入った試験管に入れると，アルミニウムは表面から①気体を出しながらすべてとけた。その試験管内の液体を蒸発皿に移し，ガスバーナーで加熱した。液体が蒸発すると，（　②　）。蒸発皿には粉が残り，その粉は（　③　）。また，蒸発皿に残った粉をもう一度塩酸の入った試験管に入れると，（　④　）。次の各問いに答えなさい。

(1)　下線部①で，発生した気体は何ですか。その名称を答えなさい。

(2)　（　②　）～（　④　）にあてはまる語句の組み合わせとして最も適当なものを，次の**ア**～**カ**から1つ選び，記号で答えなさい。

	②	③	④
ア	つんとしたにおいがした	きらきらと光っていた	気体を出しながらとけた
イ	つんとしたにおいがした	白かった	とけたが，気体は出なかった
ウ	卵がくさったようなにおいがした	黒かった	気体を出しながらとけた
エ	卵がくさったようなにおいがした	白かった	とけたが，気体は出なかった
オ	においがしなかった	きらきらと光っていた	気体を出しながらとけた
カ	においがしなかった	黒かった	とけたが，気体は出なかった

(3)　アルミニウムをとかす液体はどれですか。次の**ア**～**オ**から1つ選び，記号で答えなさい。

ア　食塩水

イ　砂糖水

ウ　熱湯

エ　水酸化ナトリウム水よう液

オ　水酸化ナトリウム水よう液に塩酸を混ぜて中性にした水よう液

3 次の学さんとお母さんの会話文を読み，下の各問いに答えなさい。

学さん：あーあ。もうこのお茶冷めてしまったよ。注いでからまだ5分しかたっていないのに・・・。

お母さん：そう？お母さんのお茶はまだ熱いわよ。お母さんも5分前に湯飲みに注いだのにね。お母さんのお茶，飲んでみる？

学さん：うん。（お茶を飲む）・・・本当だ。お母さんのお茶の方がまだ熱いよ。なんでだろう。

お母さん：お茶の量がちがったんじゃないの？学のお茶はお母さんのより量が少なかったから，すぐに冷めちゃったんじゃないかな。

学さん：いや，同じ量だけいれたよ。ただ，同じ形の湯飲みがなかったから，お母さんの方が飲み口のせまい湯飲みだったけど・・・。

お母さん：なるほど，それだわ。飲み口の広さが冷めやすさに関係しているのよ。

学さん：そうなの？飲み口の広さでそんなに変わるの？

お母さん：そうよ。よく思い出してみて。昨日おばあちゃんの家で飲んだお茶は覚えてる？どんな湯飲みに入ってた？

学さん：そういえば，お母さんが飲んでいる湯飲みのように，飲み口がせまくて筒のような形だった！

お母さん：そうね。あれは『筒茶碗《つつちゃわん》』という名前の湯飲みなのよ。①学が今飲んだお茶の湯飲みは『平茶碗《ひらちゃわん》』という名前。飲み口の広さは，冷めにくさに関係しているのよ。

学さん：そうなんだ！じゃあなんで飲み口が広い方がお茶が冷めやすいの？

お母さん：いい質問ね！それはね，お茶が冷めるときに出ていく熱の量を考えてみるといいわよ。飲み口の広さが広い方とせまい方では，出ていく熱の量が大きいのはどっち？

学さん：もちろん，それは飲み口の広さが（　②　）方だよ。水面の広さがちがうからね。

お母さん：そう正解！

学さん：やったぁ！ねぇねぇ，でもお母さん。水面の広さがちがうと，どれくらい冷めにくさにちがいがあるの？

お母さん：難しいわねぇ。そうだ！学，実験して調べてみない？

学さん：えっ！実験！？やったぁ！やりたい！・・・でも，どう調べればいいの？

お母さん：飲み口の広さがちがう2つの容器の中に，同じ温度で同じ量のお湯を入れてみましょう。時間とともにお湯の温度がどう変わるのかを調べてみたらどうかな？」

学さん：なるほど！よし！実験開始だ！

(1) 下線部①について，平茶碗の形に近いのは，**ア**，**イ**のどちらですか。

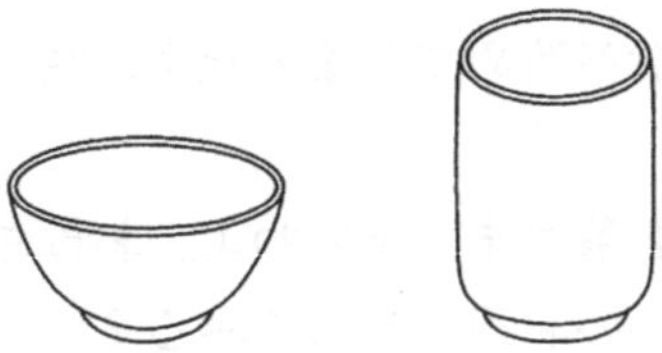

ア　　　**イ**

学さんとお母さんは，80.0℃の湯を**図1**と**図2**の容器にそれぞれ同じ量だけ注ぎ，時間とともに変わる湯の温度を20分間調べました。**表**は，その結果を表したものです。**図1**と**図2**の容器は同じ素材でできており，それぞれの容器は直径10cmと5cmの円柱型とします。また，実験を始めたときのそれぞれの容器の温度は同じであり，湯が冷めるときに出ていく熱は，水面以外からは出ないものとします。

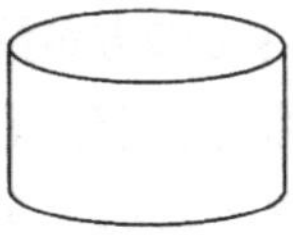

図1

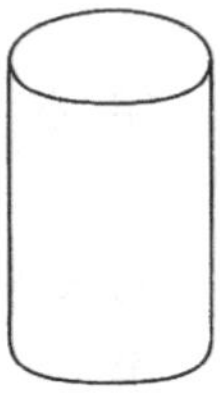

図2

表　時間と湯の温度の関係

時間〔分〕	0	1	2	3	4	5	6	7	8	9	10
図1の容器の湯の温度〔℃〕	80.0	72.6	66.0	60.0	54.7	50.0	45.7	42.0	38.6	35.5	32.8
図2の容器の湯の温度〔℃〕	80.0	78.1	76.2	74.4	72.6	70.9	69.2	67.5	66.0	64.4	62.9

時間〔分〕	11	12	13	14	15	16	17	18	19	20
図1の容器の湯の温度〔℃〕	30.4	28.3	26.3	24.6	23.0	21.7	20.4	19.3	18.3	17.5
図2の容器の湯の温度〔℃〕	61.4	60.0	58.6	57.3	56.0	54.7	53.5	52.3	51.1	50.0

(2) 会話文中の（　②　）にあてはまる言葉を，実験結果を考えて答えなさい。

(3)　**表**をグラフに表したときのグラフのおおよその形として最も適当なものを，次の**ア**～**エ**から１つ選び，記号で答えなさい。ただし，横軸は時間，縦軸は湯の温度とします。

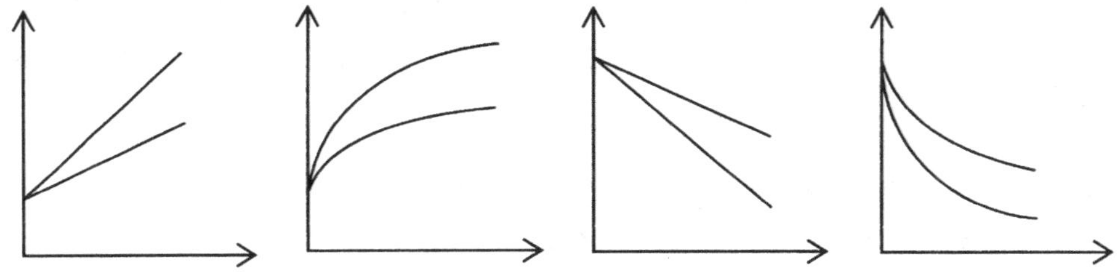

ア　　**イ**　　**ウ**　　**エ**

(4)　**図２**の容器で，湯の温度が 80.0℃から 50.0℃になるまでにかかった時間は，**図１**の容器の何倍ですか。

(5)　この実験結果の内容についてまとめた次の文の（　③　）と（　④　）にあてはまる数を答えなさい。ただし，同じ数を答えてもかまいません。

容器の口の広さ（水面の面積）が（　③　）倍になると，80.0℃の湯の温度が，同じ温度だけ下がるときにかかる時間は（　④　）倍になる。

(6)　実験をこのまま続けた場合，実験を始めてから 40 分後の**図２**の湯の容器の温度は何℃になると考えられますか。

4 生物と環境について次の1，2の各問いに答えなさい。

1　日本の環境では，冬至から夏至までの期間は次第に光の当たる時間(昼の長さ)が長くなり，夏至から冬至までの期間は次第に光が当たる時間が短くなります。植物によって花芽《かが》（成長して花になる芽）をつけ花がさく時期が異なります。例えばキクは7～8月に花芽をつけ，秋ごろに花がさきます。

(1)　春ごろに花がさく植物を次の**ア**～**カ**からすべて選び，記号で答えなさい。

ア　アブラナ　　**イ**　イネ　　**ウ**　ダイコン　　**エ**　エンドウ　　**オ**　オナモミ
カ　カーネーション

(2)　秋ごろに花がさく植物を(1)の**ア**～**カ**からすべて選び，記号で答えなさい。

植物が花芽をつける仕組みを調べるために，植物①と植物②を用いて**図**のように暗室内で**実験1**を行いました。

【実験1】植物①と植物②を暗室に入れて光を当てました。条件**a**では1日のうち連続で14時間光を当て，10時間光を当てないようにしました。これを数回繰り返しました。条件**b**では1日のうち連続で10時間光を当てたのち，14時間光を当てないようにしました。これを数回繰り返しました。結果は**表1**のようになりました。

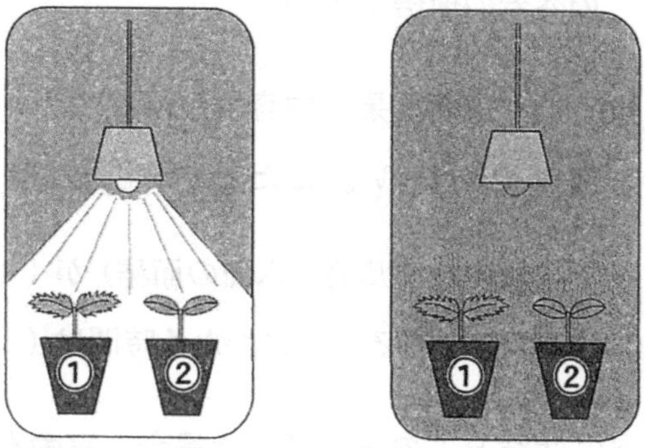

暗室で光を当てたとき　　暗室で光を当てていないとき

図

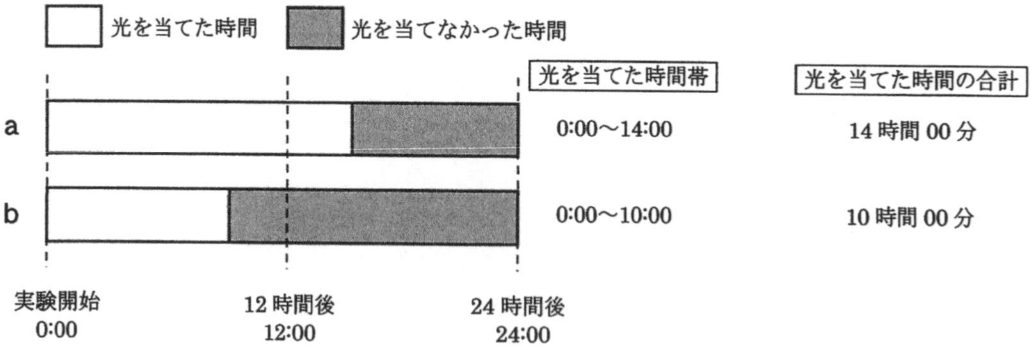

表1

条件	植物①	植物②
a	花芽がつかなかった	花芽がついた
b	花芽がついた	花芽がつかなかった

(3)　**実験**1から，植物①と植物②が花芽をつけるには光が関係していることがわかりました。植物①と植物②のどちらが春ごろに花芽をつけると考えられますか。①，②の記号で答えなさい。

実験1のあと，さらに詳しく植物が花芽をつける仕組みを調べるために**実験**2を追加して結果を得ました。

【実験2】

条件c～条件fのように，光を当てる時間帯を変えて実験操作を繰り返し行いました。結果は**表2**のようになりました。

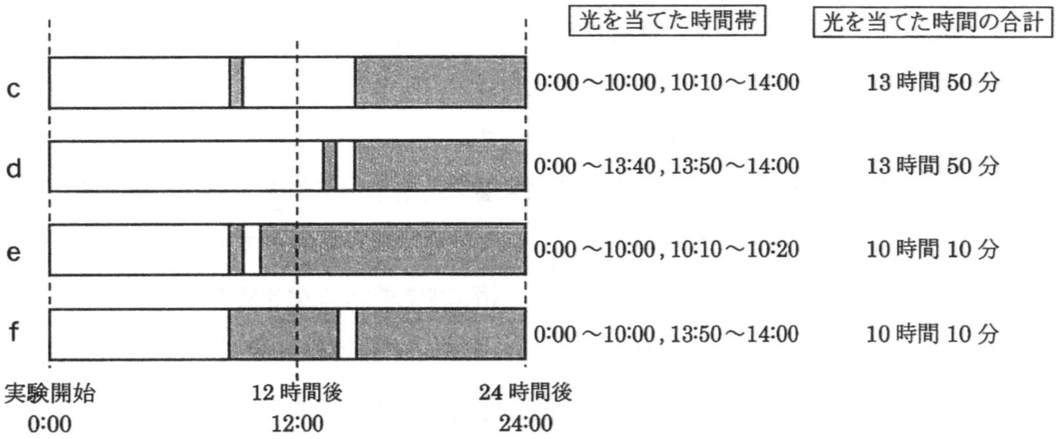

表2

条件	植物①	植物②
c	花芽がつかなかった	花芽がついた
d	花芽がつかなかった	花芽がついた
e	花芽がついた	花芽がつかなかった
f	花芽がつかなかった	花芽がついた

(4)　**実験**1，**実験**2の結果からわかることとして最も適当なものを次の**ア**～**エ**から1つ選び，記号で答えなさい。

ア　花芽がつくには，連続して光を当て続けた時間が重要である。

イ　花芽がつくには，光を当てた時間の合計が重要である。

ウ　花芽がつくには，連続して光が当たらなかった時間が重要である。

エ　花芽がつくには，光が当たらなかった時間の合計が重要である。

2 学さんは，「海にすむ生き物」をテーマに夏休みの自由研究を行いました。研究の中で「サンゴは動物だが，光合成をする」ということを知りとても不思議に感じて，学校の先生に質問することにしました。

学さん：この前，本を読んでいるとサンゴは動物だけど ①光合成をすると書いてありました。本当ですか？

先　生：すごいことに気がつきましたね！サンゴはクラゲやイソギンチャクのなかまで，しほう動物という動物なのです。しかもサンゴは，自分の体内に褐虫藻《かっちゅうそう》という植物プランクトンをすまわせて一緒に生活しているんですよ。

学さん：なるほど。じゃあ，植物プランクトンが光合成を行っているんですか？

先　生：その通り！サンゴは褐虫藻が光合成でつくった栄養分をもらって，自分が生きていくために利用しているのです。

学さん：すごいなぁ。サンゴは褐虫藻に栄養分をもらって生きていて，褐虫藻はサンゴにすまわせてもらい，お互いに助け合いながら生きているんですね。

先　生：そうですね。しかもサンゴ礁《しょう》は，海にすむ様々な生き物たちのすみかとなっていて，生物の多様性を保っています。ところが，最近，②地球温暖化が進んで ③サンゴが死んでしまう現象が起きています。海にすむ生き物たちにも大きな影響《えいきょう》が出てしまいますね。

(1) 下線部①について，光合成の材料として必要な物質を次の**ア**～**カ**からすべて選び，記号で答えなさい。

ア 酸素　**イ** 二酸化炭素　**ウ** ちっ素　**エ** デンプン　**オ** タンパク質　**カ** 水

(2) 褐虫藻が光合成を行うことができるのは，褐虫藻のからだの中にあるつくりを持っているからです。その名称《めいしょう》を漢字で答えなさい。

(3) 次の**ア**～**カ**は水中の小さな生き物です。光合成を行う生き物をすべて選び，記号で答えなさい。

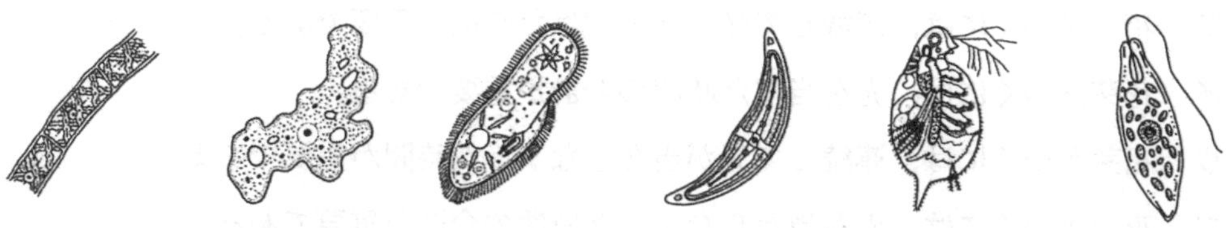

ア　**イ**　**ウ**　**エ**　**オ**　**カ**

(4) 下線部②について，その原因の1つとして空気中の二酸化炭素濃度が上昇しているからと考えられています。二酸化炭素濃度が上昇する原因として適当なものを，次の**ア**～**カ**からすべて選び，記号で答えなさい。

ア 山に降った雨水が地下水となって地中にためられる。

イ 車や船の燃料としてガソリンや軽油などの化石燃料を使う。

ウ 火山活動が活発になり，ふん火を繰り返す。

エ 海水面が上昇して，利用できる水が増える。

オ 熱帯多雨林を大規模に伐採し，広大な農地開発のプロジェクトが進む。

カ 太陽光発電や風力発電などで電気をつくる。

(5) 下線部③について，学さんは本で調べて，海水温が上がるとサンゴが体内の褐虫藻を外へ排出するはたらきが強くなることを知りました。地球温暖化でサンゴが死んでしまう理由を［褐虫藻，光合成］ということばを用いて説明しなさい。

令和4年度

奨学生・専願生

入 学 試 験 問 題

社　　会

(35分)

注意事項

1. 試験開始の合図があるまではこの問題の冊子《さっし》を開いてはいけません。

2. 試験開始の合図があったら問題冊子の中にある解答用紙を取り出し，受験番号を書く欄《らん》に受験番号を記入してください。名前を記入する必要はありません。

3. 漢字で書かなければならないところは漢字で書いてください。誤字・あて字・かな書きは正解とは認《みと》めません。

4. 答えはすべて解答用紙に記入してください。

熊本学園大学付属中学校

1 次の**図1**を見てあとの各問いに答えなさい。

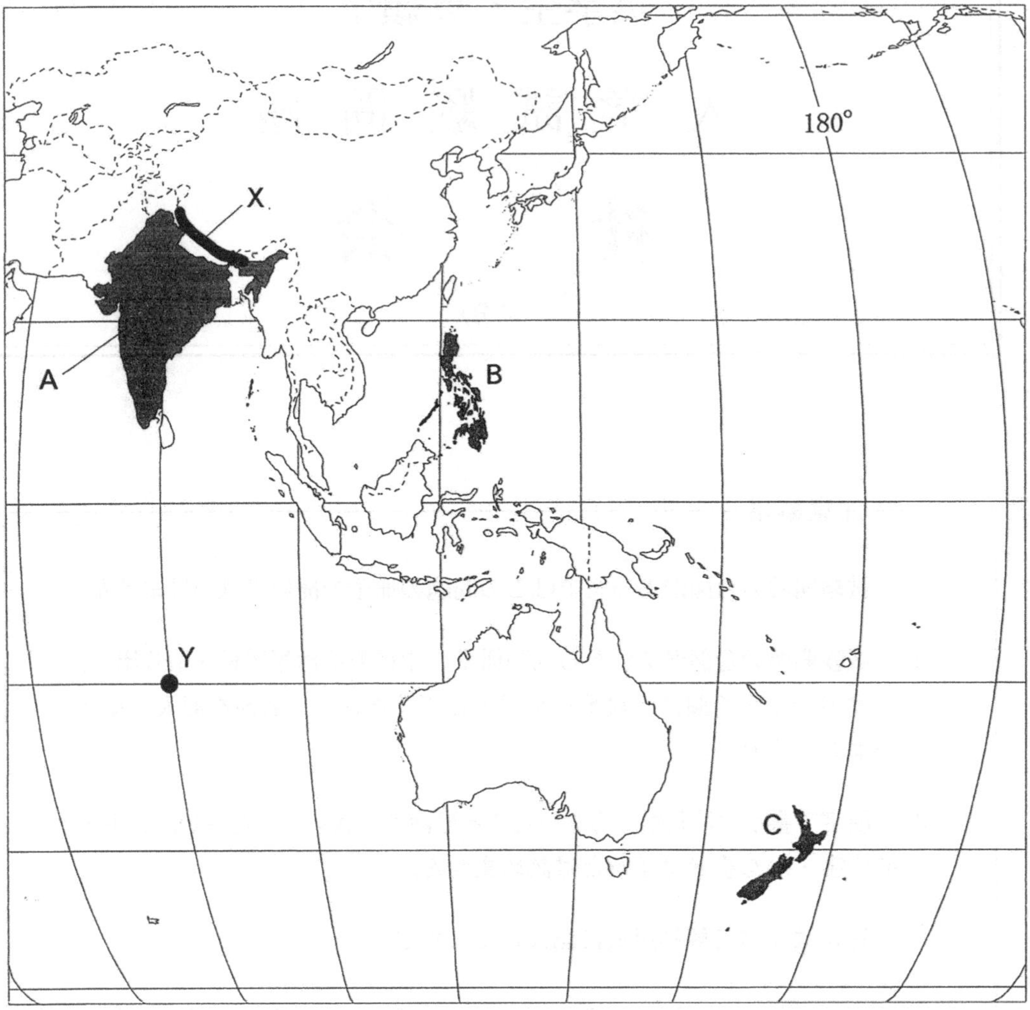

図1

1　**図1**中の**X**は，世界で最も標高の高い山のある山脈です。この山脈の名前を答えなさい。

2　**図1**中の地点**Y**の緯度《いど》と経度を答えなさい。緯線と経線はどちらも20度間隔《かんかく》で引かれています。

3　次の**表1**は，**図1**中の**A～C**の国と日本の貿易について，それぞれの国から日本が輸入している輸入金額の多い上位5品目をまとめたものです。**表1**中の①～③には，下の**ア～オ**のいずれかの品目が入ります。①～③に入る品目を**ア～オ**から1つずつ選び，それぞれ記号で答えなさい。

表1

	A	B	C
1位	有機化合物	電気機械	③
2位	揮《き》発油	金属鉱と金属くず	アルミニウムとその合金
3位	ダイヤモンド	一般機械	チーズと乳製品
4位	一般機械	木製品	木製品
5位	①	②	肉類とその調整品

統計年次は2019年。地理統計要覧2021より作成。

ア　小麦　　**イ**　大豆　　**ウ**　エビ　　**エ**　キウイフルーツ　　**オ**　バナナ

4　日本はまわりを海で囲まれ，漁業がさかんです。なかでも，かつお漁は，日本の太平洋側で，近海から沖合まで広い範囲でさかんに行われています。

(1)　次の**表2**は，かつお，さんま，かき，のりの漁獲《ぎょかく》量・収穫《しゅうかく》量の上位5都道府県をまとめたものです。かつおに当てはまるものを**ア～エ**から1つ選び，記号で答えなさい。

表2

	ア	イ	ウ	エ
1位	北海道	静岡	広島	佐賀
2位	宮城	宮城	宮城	兵庫
3位	岩手	東京	岡山	福岡
4位	富山	高知	兵庫	熊本
5位	福島	宮崎	岩手	香川

統計年次は2018年。地理統計要覧2021より作成。

(2) 次の**図2**は，一本釣り漁法，刺《さ》し網《あみ》漁法，延縄《はえなわ》漁法，トロール漁法，巻き網漁法を示したものです。かつお漁は，一本釣り漁法と，残りの4つのうちの1つの漁法で行われます。一本釣り漁法以外のかつおの漁法を**カ**～**ケ**から1つ選び，記号で答えなさい。

一本釣り漁法

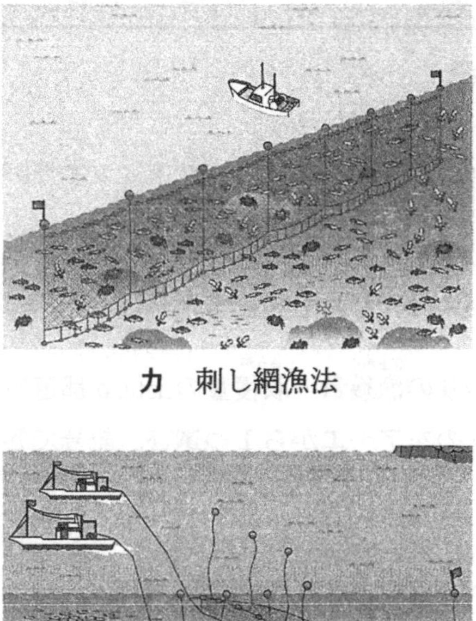

カ　刺し網漁法

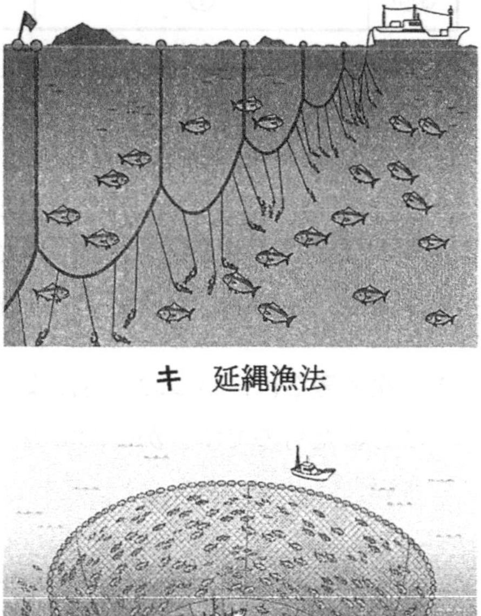

キ　延縄漁法

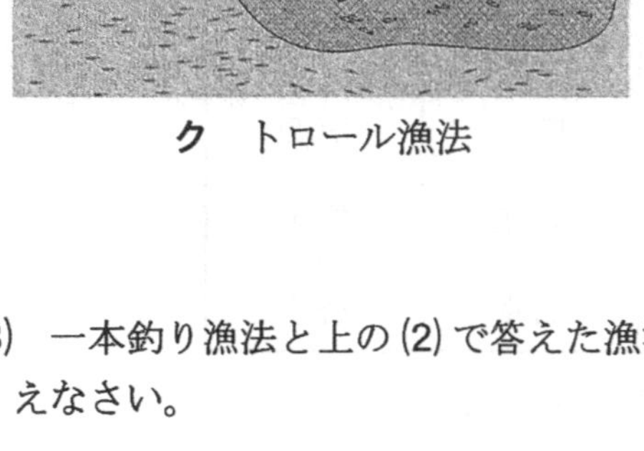

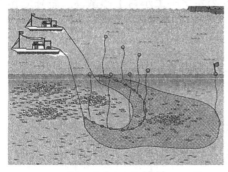

ク　トロール漁法

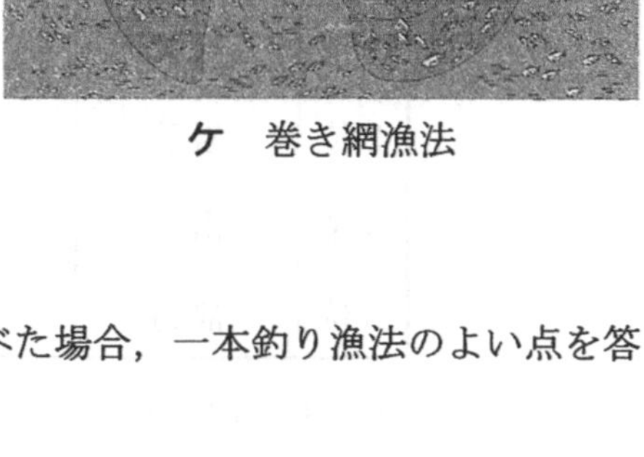

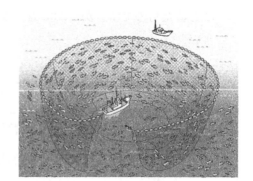

ケ　巻き網漁法

図2

(3) 一本釣り漁法と上の(2)で答えた漁法を比べた場合，一本釣り漁法のよい点を答えなさい。

5　日本の工業では，原料を海外から輸入し，製品をつくって輸出する加工貿易がさかんに行われてきました。鉄鋼の主な原料は，原料**a**・原料**b**・石灰石の３つです。そのうち原料**a**・原料**b**は，全て海外から輸入しています。

(1)　次の**図３**は，原料**a**・原料**b**の輸入量全体にしめる主な輸入相手国の割合を示したものであり，**D**～**F**はオーストラリア，カナダ，ブラジルのいずれかです。**D**の国の名前を答えなさい。

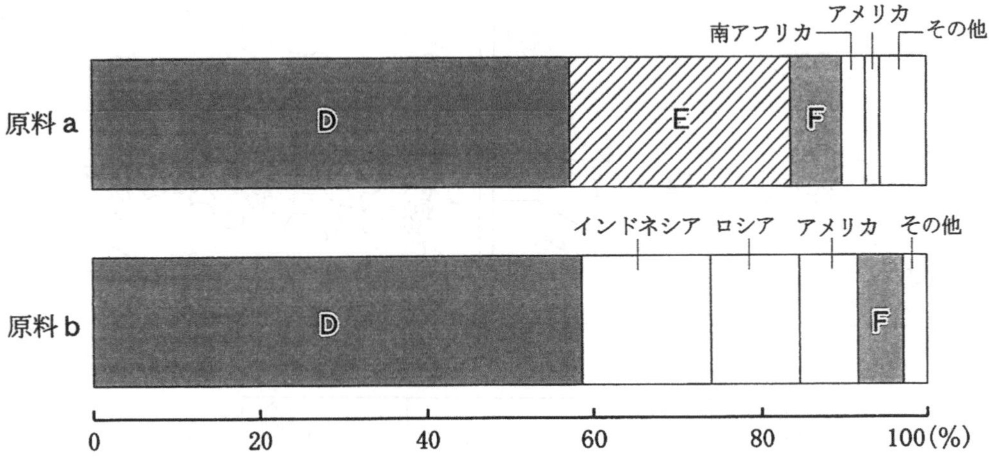

統計年次は2019年。地理統計要覧2021より作成。

図３

(2)　次の文は，原料**b**について述べたものです。原料**b**の名前を答えなさい。

原料**b**は黒色をしています。蒸し焼きにしてコークスという燃料にして利用します。原料**b**は火力発電の燃料としても利用します。

(3)　工場の分布には，その工場で使う原料や生産する製品の種類など，さまざまな条件によって特徴が見られます。次の**図４**の**ア**～**ウ**は，鉄鋼，半導体，輸送用機械のいずれかを生産する工場の分布を示したものです。鉄鋼の工場の分布を示したものを，**ア**～**ウ**から１つ選び，記号で答えなさい。

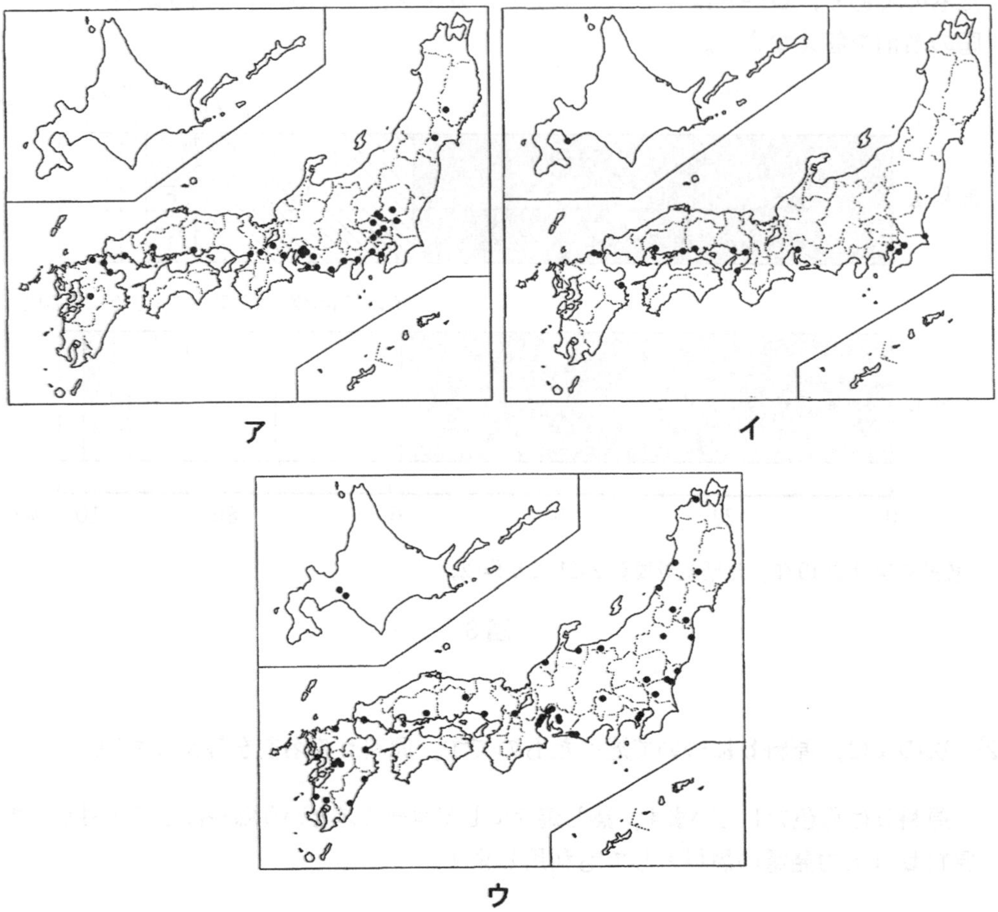

図４

6　日本の工場は，従業員300人未満の中小工場と，300人以上の大工場に分けることができます。

(1)　次の**図5**は，日本全国の中小工場と大工場を割合で比較したものであり，**K**～**M**は，工場数，従業員の総数，出荷額のいずれかです。**K**～**M**の組み合わせとして正しいものを，下の**ア**～**カ**から1つ選び，記号で答えなさい。

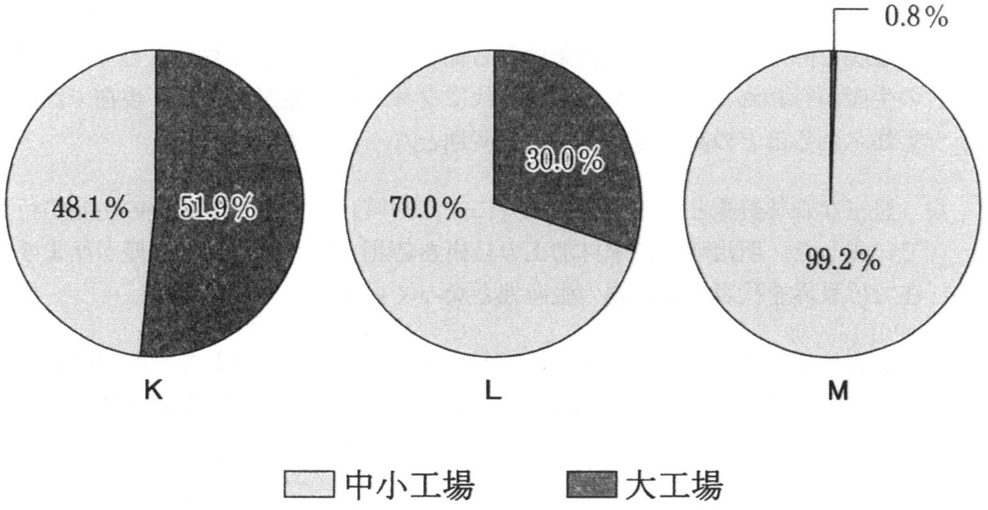

統計年次は2014年。
工業統計表により作成。

図5

	ア	イ	ウ	エ	オ	カ
K	工場数	工場数	従業員総数	従業員総数	出荷額	出荷額
L	従業員総数	出荷額	工場数	出荷額	工場数	従業員総数
M	出荷額	従業員総数	出荷額	工場数	従業員総数	工場数

⑵ 日本の各地には，その地域の自然条件や歴史を反映して発達した伝統産業が存在します。伝統産業の多くは，中小工場で行われ，豊富な経験と高度な技術をもった人びとにより，高い品質の製品が作られていることに特色があります。次のP～Rは，静岡県浜松市，福井県鯖江《さばえ》市，愛媛県今治《いまばり》市のいずれかの伝統産業について述べたものです。P～Rと各都市の組み合わせとして正しいものを，下の**サ**～**タ**から1つ選び，記号で答えなさい。

P　温暖で降水量が少ない気候条件から綿花の栽培に適しており，古くから綿織物の生産が行われていました。明治時代にタオルの生産が始まり，現在では海外でも知られるほどの高品質タオルの生産地となっています。

Q　豊富な森林資源と綿花生産を背景に，江戸時代には木製の織機の生産が行われていました。明治時代に木材加工の技術を応用してオルガンの生産が始まり，現在では世界を代表する楽器の生産地となっています。

R　多雪地域のため，冬季に家の中でもできる農家の副業として，明治時代にメガネフレームの生産が始まりました。現在，日本で生産されるメガネフレームの90％以上がこの都市を中心とする地域で生産されています。

	サ	シ	ス	セ	ソ	タ
P	浜松市	浜松市	鯖江市	鯖江市	今治市	今治市
Q	鯖江市	今治市	浜松市	今治市	浜松市	鯖江市
R	今治市	鯖江市	今治市	浜松市	鯖江市	浜松市

2 次の各問いに答えなさい。

1　次の各文は，日本各地の遺跡についてまとめたものです。文中の空欄［ R ］・［ S ］に当てはまる語句を記入し，各問いに答えなさい。

三内丸山遺跡（青森県）

①5900年前～4200年前の集落跡《あと》。この時代の集落としては日本最大で，大型の建物跡や②様々な道具が発見されている。

［ R ］跡（奈良県）

7世紀のおわりに，日本で最初の本格的な都として飛鳥につくられた都の遺跡。この遺跡で発見された木簡《もっかん》から，③当時の政治のようすなどが分かる。

博多湾遺跡群（福岡県）

④平安時代に貿易都市として発展した博多のようすが分かる遺跡として注目されている。⑤中国から輸入された陶磁器《とうじき》などが出土している。

大阪城（大阪府）

現在の天守閣は⑥江戸時代の城を復元したもの。地下からは江戸時代より前に［ S ］の命令によって作られた城の石垣などが発見されている。

(1)　下線部①のころの日本のようすについて説明した文としてもっとも適当なものを，次の**ア**～**エ**から1つ選び，記号で答えなさい。

ア　人々は集落の周りに大きな堀やさくをめぐらせた。
イ　王とよばれる支配者が強い力で大きな集落を支配した。
ウ　日本各地に大きな古墳が作られるようになった。
エ　人々は動物や魚・貝などを手に入れて生活していた。

(2)　下線部②について，この遺跡で発見された道具として正しいものを，次の**ア**～**エ**から1つ選び，記号で答えなさい。

ア

イ

ウ

エ

(3)　下線部③について説明した文として正しいものを，次の**ア**～**エ**から１つ選び，記号で答えなさい。

ア　税のしくみなど，国を治めるための法律として律令が定められた。
イ　仏教の力で社会の不安をしずめようと，国ごとに国分寺が建てられた。
ウ　藤原氏がむすめを天皇のきさきにしてつながりを深め，権力をにぎった。
エ　冠位十二階が定められ，家柄に関係なく能力や功績《こうせき》で役人が取り立てられた。

(4)　下線部④の時代に栄えた国風文化とはどのような文化ですか。次の文中の空欄［　T　］・［　U　］に当てはまる語句を，それぞれ答えなさい。

> 国風文化は，［　T　］をもとに，日本の風土に［　U　］発展した文化である。

(5)　下線部⑤について，日本は各時代の中国とさまざまな関わりを持ってきました。次の表の各人物と，その時代の中国の国名の組み合わせとして正しいものを，**ア**～**エ**から１つ選び，記号で答えなさい。

	ア	イ	ウ	エ
人物	聖徳太子	聖武天皇	北条時宗	足利義満
中国の国名	宋	隋	唐	明

(6)　下線部⑥について説明した次の**ア**～**エ**を，起こった年代の古い順に並べ替え，記号で答えなさい。

ア　大きなききんが何度も起こり，百姓一揆や打ちこわしが全国各地で起こった。
イ　多くの貿易船が東南アジアなどに向かい，各地に日本町がつくられた。
ウ　外国に対抗するために，薩摩藩や長州藩が新しい政府をつくる運動を始めた。
エ　島原や天草で，キリスト教の信者を中心とする一揆が起こった。

国語

解答用紙（その１）

令四・奨専

受験番号	評点

※100点満点
（配点非公表）

（注）数値を記入する場合は、次のどちらかの方法を用いること。

方法１ 60%

方法２ 六〇パーセント

一

一

二

三

四

五

六

四

①

②

③

④

⑤

⑥

⑦ いた

⑧

⑨

⑩

2

(1)		
(2)	①	冊
	②	冊
(3)		通り
(4)		人
(5)		：
(6)		円

※採点欄

(3)	m
(4)	cm^3

※採点欄

受験番号	評　　点

※100点満点
（配点非公表）

4

1

(1)	(2)	(3)	(4)

2

(1)	(2)	(3)	(4)
(5)			

※採点欄

受験番号	評　点

※50点満点
（配点非公表）

2

(1)	(2)	(3)

(4)

記号	

(5)

3

1	2	3	4 (1)	4 (2)	5

※採点欄

6

受験番号	評点

※50点満点
（配点非公表）

解　答　用　紙

令4. 奨専

社　会

1

1

	山脈

2

（　　）緯（　　）度，（　　）経（　　）度

3

①	②	③

4

(1)	(2)	(3)

5

(1)	(2)	(3)

6

(1)	(2)

※採点欄

2

1

R	S	(1)	(2)	(3)

※採点欄

【解答

解　答　用　紙

令4. 奨専

理　科

1

(1)	(2)	(3)	(4)	(5)	(6)

※採点欄

2

1

(1)	(2)	(3)	(4)

2

(1)	(2)	(3)

※採点欄

3

(1)	(2)	(3)	(4)	(5)		(6)
				③	④	
			倍			℃

※採点欄

解　答　用　紙

令4. 奨専

算　数

1

(1)		
(2)		
(3)		
(4)		
(5)		
(6)		
(7)	ア	
	イ	

※採点欄

3

(1)	本
(2)	本
(3)	個

※採点欄

4

(1)	：
(2)	：
(3)	m

※採点欄

5

(1)	度

【解答

国語

解答用紙（その2）

令四・奨専

二

一

a	b	c
	え	

二

A	B	C

三

四

という考え方。

五

六

七

X	Y

受験番号	評点

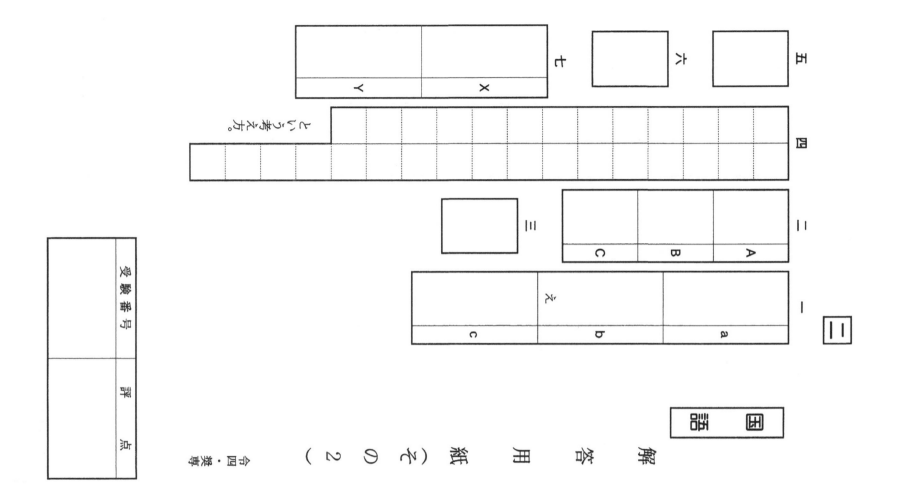

200

100

2　学さんは，福岡県の八幡《やはた》製鉄所の歴史ついて調べ学習を行い，新聞にまとめました。これについて，各問いに答えなさい。

八幡製鉄所の歴史

【八幡製鉄所のできごと】	【そのころの日本】
1897 年に官営（国が運営する）製鉄所を福岡に作ることが決定し，1901 年に操業《そうぎょう》を開始しました。⑦日露戦争前後には生産量が大はばに増えました。	V
1929 年に起こった⑧世界恐慌《きょうこう》（世界的な経済の混乱）のなかで，日本政府は八幡製鉄所や民間の製鉄所を合同することを計画し，1934 年に日本製鉄株式会社が誕生しました。	 失業する人が増え，たき出しが行われた。
太平洋戦争後，連合国軍の指示で⑨日本の改革が進められました。大企業《きぎょう》は解散させられ，日本製鉄も 1950 年に八幡製鉄株式会社と富士製鉄株式会社に分かれました。	 日本国憲法が公布され，記念祝賀会が開かれた。
⑩高度経済成長や経済の国際化が進む中で，八幡製鉄と富士製鉄が合併《がっぺい》し，1970 年に新日本製鉄株式会社が成立しました。全国に工場を持つ日本最大の鉄鋼会社となりました。	 大阪で日本万国博覧会が開催《かいさい》された。

(1) 学さんは，V に使う絵とその説明文の候補《こうほ》を４つ準備しました。このうち，V に使う絵とその説明文として適当なものを，次の**ア～エ**から**２つ選び**，記号で答えなさい。

ノルマントン号事件で，不平等条約への不満が高まった。

ア

朝鮮半島をめぐって，日本は中国やロシアと対立した。

イ

日本がヨーロッパの大国に力を認められた。

ウ

物価が急に上がり，米騒動《そうどう》などが起こった。

エ

(2) 下線部 ⑦ について説明した文として**誤っているもの**を，**ア～エ**から１つ選び，記号で答えなさい。

ア　与謝野晶子のように，戦争に反対する意思をしめす人もいた。
イ　東郷平八郎らが，日本海の戦いでロシア艦隊《かんたい》を破った。
ウ　日本はロシアから樺太の南部や台湾を支配する権利を得た。
エ　日本はロシアから賠償金《ばいしょうきん》を得ることができなかった。

(3) 下線部 ⑧ に関連して，次のできごとは下の**ア～エ**のどの時期に入りますか。当てはまるものを１つ選び，記号で答えなさい。

【　日本が国際連盟を脱退する　】

世界恐慌が起こる→（ **ア** ）→満州事変が起こる→（ **イ** ）→日中戦争が始まる→（ **ウ** ）→ドイツがまわりの国々を侵略《しんりゃく》する→（ **エ** ）→太平洋戦争が始まる

⑷　下線部 ⑨ について，下の**ア・イ**の２つの語句のうち**どちらか１つを選び**，**10字以上20字以内**で内容を説明しなさい。なお，解答欄には選んだ記号も書くこと。

ア　教育制度　　　　　　　　**イ**　選挙制度

⑸　下線部 ⑩ の高度経済成長について，次のグラフは三種の神器（白黒テレビ・電気洗濯《たく》機・電気冷蔵庫）と３Ｃ（自動車・クーラー・カラーテレビ）の普及《ふきゅう》率についてまとめたものです。白黒テレビとカラーテレビの組み合わせとして正しいものを，下の**ア**～**カ**から１つ選び，記号で答えなさい。

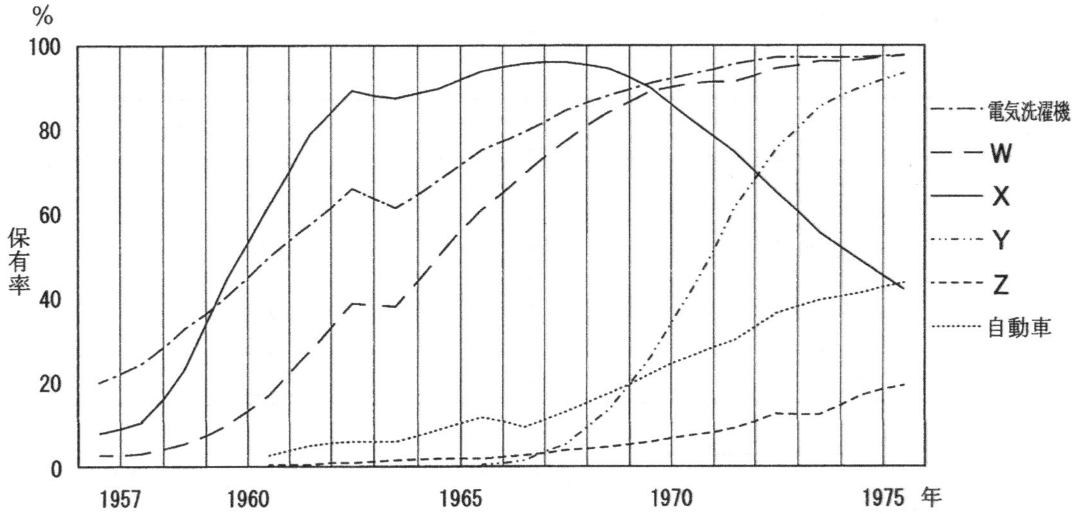

帝国書院　「耐久《たいきゅう》消費財の世帯普及率の変化」より作成。

	ア	イ	ウ	エ	オ	カ
白黒テレビ	W	W	W	X	X	X
カラーテレビ	X	Y	Z	W	Y	Z

3 園子さんのクラスでは，世界の国々について調べ学習をおこない，**A**～**D**のカードにまとめました。

A　X
イギリス
インドネシア
フィリピン
キューバ

B　日本人が多く住んでいる国
アメリカ
中国
オーストラリア
タイ

C　日本よりも国土の面積が大きい国
ロシア
カナダ
アメリカ
Y

D　日本よりも人口が多い国
中国
インド
アメリカ
Y

1　Aのカードの［　X　］に入る語句として正しいものを，次の**ア**～**エ**から1つ選び，記号で答えなさい。

ア　日本よりも人口が少ない国　　**イ**　日本と同じ島国
ウ　日本と同じ温帯に属する国　　**エ**　日本よりも米の生産量が多い国

2　Cのカードの［　Y　］とDのカードの［　Y　］には同じ国名が入ります。園子さんと大介さんが，［　Y　］の国に関する会話をしています。下の会話文を参考にしながら，［　Y　］に入る国名を答えなさい。

園子さん：南アメリカ大陸にあるこの国の教育制度を調べてみると，基礎教育9年と中等教育3年となっています。公用語は，ポルトガル語です。授業は平日の半日のみで，学校によっては，生徒が午前の部か午後の部かを自分で選択できるそうです。
大介さん：この国には日系人も多く暮らしていて，日本語や日本の文化，道徳教育に力を入れている学校もあるようですね。
園子さん：日本で働く人が多いことも分かりました。なかでも，群馬県の太田市や大泉町では多くの人が暮らしています。
大介さん：この国はサッカーがとても強いことでも知られていますね。

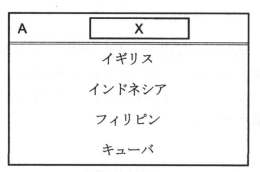

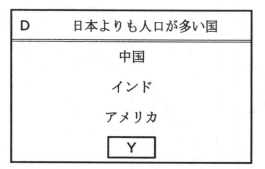

3　Aのカードのインドネシアについて，次のa，bの文は，インドネシアで約8割の人が信仰している宗教に関して述べたものです。a，bの文の内容の正誤について，下の**ア～エ**から正しいものを1つ選び，記号で答えなさい。

a　この宗教には，ぶた肉を食べることを禁止する教えのほか，聖地への巡礼やラマダン（断食《だんじき》月）とよばれる義務がある。

b　ヨーロッパの多くの国では，この宗教を信仰している人の国内人口に占める割合が最も高くなっている。

ア　a―正　b―正　　　**イ**　a―正　b―誤
ウ　a―誤　b―正　　　**エ**　a―誤　b―誤

4　B～Dのカードのアメリカについて，あとの各問いに答えなさい。

(1)　次の写真は，2021年1月に就任した第46代のアメリカ大統領です。この人物の名前を，**カタカナ4文字**で答えなさい。

(2) 次の**ア**～**エ**のカードのうち，アメリカについてまとめたものとして**誤っているもの**を１つ選び，記号で答えなさい。

ア

【国土に関すること】 西部・中央部・東部に区分され，国の中で時差があります。西部には，環太平洋造山帯に属するロッキー山脈があります。また，カナダやメキシコと国境を接しています。

イ

【産業に関すること】 世界経済の中心の１つであり，日本の最大の貿易相手国でもあります。日本への主な輸出品の上位３品目は，機械類・衣類・金属製品となっています。また，農業も盛んにおこなわれており，小麦の生産量は世界一です。

ウ

【生活に関すること】 多くの国から移住してきた人々が生活をしており，多文化社会を形成しています。大きなまちにはチャイナタウンやリトルトーキョーなどがあります。また，人々は，ハロウィンや感謝祭など，季節の行事を楽しんでいます。

エ

【歴史に関すること】 ハワイの真珠湾を日本軍に攻撃されたことをきっかけに，太平洋戦争がはじまりました。この戦争の末期には，広島と長崎に原子爆弾《ばくだん》を投下しました。また，戦争後には，ソ連との対立を深め，冷戦がはじまりました。

5　**C**のカードのロシアは，北海道の北東に位置する北方領土を占領《せんりょう》しており，日本政府は，これらの島々を返すように求めて交渉《こうしょう》を続けています。次の**ア**～**エ**のうち，北方領土に含まれるものを１つ選び，記号で答えなさい。

ア　沖ノ鳥島　　**イ**　竹島　　**ウ**　択捉島　　**エ**　尖閣諸島

6　A～Dのカードの全ての国は，国際連合に加盟しています。2015年に国連本部で「持続可能な開発サミット」が開かれ，「持続可能な開発目標（SDGs）」が示されました。その中の1つに，「海の豊かさを守ろう」という目標があります。現在の国際社会では，魚の獲《と》り過ぎが問題になっています。また，1年間に少なくとも800万トンのペットボトルやビニール袋などのプラスチックゴミが海に流れ出ています。魚の獲り過ぎやプラスチックゴミで海が汚染《おせん》されることで，人々の生活にどのような影響を与えると考えられますか。次の図の空欄[　　　]に合うように20字以内で説明しなさい。

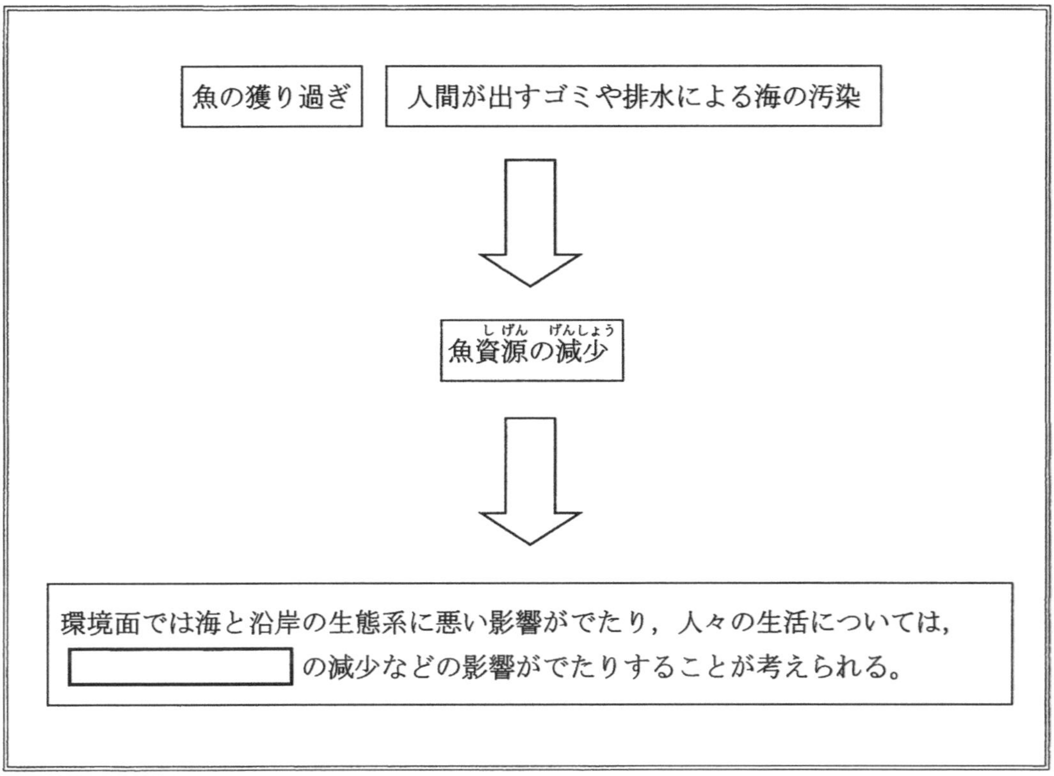

図

2022(R4) 熊本学園大学付属中
K 教英出版